汉英对照
Chinese-English

汉语常用关联词语学习手册
Chinese Conjunctions Without Tears

胡　鸿　编著
胡　凝　翻译

北京大学出版社
PEKING UNIVERSITY PRESS

图书在版编目(CIP)数据

汉语常用关联词语学习手册/胡鸿编著；胡凝翻译．—北京：北京大学出版社，2007.3
(汉语学习手边册丛书)
ISBN 978-7-301-11666-1

Ⅰ.汉… Ⅱ.①胡…②胡… Ⅲ.汉语－关联类－词语－手册 Ⅳ.H146.2-62

中国版本图书馆 CIP 数据核字(2007)第 027870 号

书　　　名：	汉语常用关联词语学习手册
著作责任者：	胡　鸿　编著　　胡　凝　翻译
责 任 编 辑：	宋立文　李　凌
标 准 书 号：	ISBN 978-7-301-11666-1/H・1744
出 版 发 行：	北京大学出版社
地　　　址：	北京市海淀区成府路 205 号　　100871
网　　　址：	http://www.pup.cn
电 子 信 箱：	zpup@pup.pku.edu.cn
电　　　话：	邮购部 62752015　发行部 62750672　出版部 62754962
	编辑部 62753374
印 刷 者：	涿州市星河印刷有限公司
经 销 者：	新华书店
	850 毫米×1168 毫米　32 开本　7.75 印张　155 千字
	2007 年 3 月第 1 版　2010 年 10 月第 2 次印刷
印　　　数：	3001～6000
定　　　价：	19.00 元

未经许可，不得以任何方式复制或抄袭本书之部分或全部内容。
版权所有，侵权必究
举报电话：010-62752024　电子信箱：fd@pup.pku.edu.cn

前 言

在学习完大约 120 个小时的基础汉语之后，我们就将进入初级汉语后期阶段的学习。在这一阶段，我们需要尝试着把零散的句子连成复句或句群，从而进行成段表达。这是中高级阶段汉语学习最重要的部分，学好关联词语，对于这一阶段的学习至关重要。

本书根据这个阶段的学习特征和需要，将汉语常用关联词语汇集起来，以便于学生集中学习。

本书的主要特点是：

（1）系统讲解和练习复句关系，并练习成段表达；

（2）语言讲解和实际练习紧密结合，是工具书，也是练习册；

（3）例句选用最实用的口语句子，词语尽量控制在甲级词和乙级词的范围内。

全书按照复句关系类型分成 11 个单元，每一个单元分成如下板块：

（1）<u>"试一试"板块</u>。这是一个小测验，给出几个零散的句子，让学生把这些句子组织起来，变成一段连贯的、表达完整意义的话，目的是使学生在学习该单元的关联词语之前有一个初步的感受。

（2）<u>常用关联词语板块</u>。这是本书的核心部分，按照复句关系划分，分别列举各种关系。具体包括：关系名称与概念，常用关联词语及例句。

（3）<u>练习板块</u>。这是对每单元的学习结果的检验。练习题目均配有参考答案。

本书在成书过程中，得到了朋友们的大力帮助。王晔先生提出了不少改进意见；德国朋友巍戈利先生对英文翻译提出了精辟的修改意见；北京大学出版社沈浦娜主任在成书之初给予了很大的帮助，宋立文先生和李凌女士细致入微的编辑风格和认真负责的态度，让人印象深刻。

希望本书成为读者进入中高级阶段汉语学习的有效阶梯！

胡 鸿
于北京白露雅园

Preface

After having completed 120 hours of Chinese studies, we are entering the last stage of elementary Chinese. At this stage, we try to form compound sentences or longer composite sentences from shorter and partial sentences and expressions, and then practice expressions in each paragraph. These are the most important Chinese studies at the intermediate or high level. It is therefore essential at this stage of our studies to learn those conjunctions very well.

Taking into account the particular features and requirements of our studies at this stage, Chinese conjunctions in common use are collected especially in this book.

The main characteristics of this book are as follows:

(1) Systematic explanation of and exercises with compound sentences, as well as the practice of special expressions in each paragraph.

(2) With language explanation and practical exercises closely combined, the book serves both as an exercise book and a reference book.

(3) The most practical sentences in spoken Chinese are selected as examples, and words are selected as far as possible within the scope of vocabulary level A & B.

The book is divided into 11 units based on the type of connections used in compound sentences, and each unit is divided into the following parts:

(1) 'Have a try'. This is a test. Students are required to organize a couple of fragmented sentences into a coherent and fully expressed composite sentence. In this way, students will have a preliminary impression before they start each unit.

(2) Conjunctions in common use. This is the core part of the book. Various forms of connections used for building compound sentences are listed in this part respectively, including names and concepts of compound sentences, common conjunctions and examples.

(3) Exercises. This part is aimed to check what has been learned in each unit. Reference answers are given for the exercises.

Many friends offered generous support in the process of compilation of the book. Mr. Wang Ye put forward a number of suggestions for improvement. My German friend, Mr. Friedrich Weigel made insightful corrections on the English translation. Director Shen Puna of Peking University Press offered tremendous support at the beginning of the compilation. We are also deeply impressed by the painstaking editing style and conscientious attitude of Mr. Song Liwen and Miss Li Ling.

We hope that this book will serve as an effective stepping-stone for you to then start Chinese studies at the intermediate or high level.

Hu Hong
Beijing Bailu Yayuan

CONTENTS

并列关系 Coordinative relation	1
罗列关系 Relation of enumeration	25
连贯关系 Successive relation	43
假设关系 Suppositional relation	61
因果关系 Relation of cause and effect	81
选择关系 Alternative relation	99
条件关系 Conditional relation	116
转折关系 Adversative relation	140
对立关系 Relation of opposition	161
递进关系 Progressive relation	176
连锁关系 Chain relation	195
练习参考答案 Reference answers	212

Coordinative relation

定义：相同、相近或相反、相对的关系（同种的、异种的；意义相反或相对的概念；同义对举）。

Definition：Identical, similar or opposite, relative relations (homogenous, heterogeneous; concepts of opposite or relative meaning; synonymy).

试一试 Have a try

用所给的关联词语把下面的句子连成一段话：
Combine the following sentences into a paragraph with the given expression：

一来……二来……

▶ 我原来的汽车是右边驾驶的，而在中国开车是左边驾驶。

Wǒ yuánlái de qìchē shì yòubian jiàshǐ de, ér zài Zhōngguó kāi chē shì zuǒbian jiàshǐ.

My previous car is right-hand drive, but in China cars are left-hand drive.

1

▶ 托运汽车非常麻烦。
Tuōyùn qìchē fēicháng máfan.
It is very troublesome to check a car.

▶ 我来中国工作,并没有把我原来在新加坡的汽车带来。
Wǒ lái Zhōngguó gōngzuò, bìng méiyǒu bǎ wǒ yuánlái zài Xīnjiāpō de qìchē dàilai.
I didn't bring along the car I used in Singapore when I came to work in China.

常用关联词语 Common expressions

……又…… yòu… furthermore, in addition; used to indicate repetition or continuation

又……又…… yòu…yòu… several conditions exist at the same time; used to indicate repetition or continuation

一面……一面…… yímiàn…yímiàn… at the same time, simultaneously

既……又…… jì…yòu… both... and...

既……也…… jì…yě… both... and...

一边……一边…… yìbiān…yìbiān… two actions taking place at the same time

一来……二来…… yīlái…èrlái… first... second...

Coordinative relation 并列关系

一来……二来……再说呢…… yīlái…èrlái…zàishuō ne…
first... second... besides (what's more)...

一则……二则…… yīzé…èrzé… first... second...;
to enumerate reasons

时而……时而…… shí'ér… shí'ér… now... now...,
sometimes... sometimes...; more written than 'yihuir'

有时候……有时候…… yǒu shíhou…yǒu shíhou…
sometimes... sometimes...

一会儿……一会儿…… yíhuìr… yíhuìr… one moment... the next..., now... now...; indicating alternating circumstances

……又…… …yòu…

furthermore, in addition; used to indicate repetition or continuation

例句 Examples：

(1)《圣经》上说，别人打了你的左脸，你又把右脸给别人。
《Shèngjīng》shang shuō, biérén dǎle nǐ de zuǒ liǎn, nǐ yòu bǎ yòu liǎn gěi biérén.
The Bible says, others slap you on your left face, you then give them your right face.

(2) 动物分为脊椎动物和无脊椎动物两大类,脊椎动物又分为鱼类、两栖类、爬行类、鸟类和哺乳类五类。

Dòngwù fēnwéi jǐzhuī dòngwù hé wú jǐzhuī dòngwù liǎng dà lèi, jǐzhuī dòngwù yòu fēnwéi yú lèi、liǎngqī lèi、páxíng lèi、niǎo lèi hé bǔrǔ lèi wǔ lèi.

Animals are divided into two categories of vertebrates and spineless animals. In addition, vertebrates are divided into five categories, ie, fishes, amphibian, reptile, bird and mammal.

(3) 汉字有楷书、行书、草书、篆书、隶书等几种书写形式。楷书又分为手写体、宋体、仿宋体等形式。

Hànzì yǒu kǎishū、xíngshū、cǎoshū、zhuànshū、lìshū děng jǐ zhǒng shūxiě xíngshì. Kǎishū yòu fēnwéi shǒuxiětǐ、sòngtǐ、fǎngsòngtǐ děng xíngshì.

There are several forms of Chinese calligraphy, regular script, running script, cursive hand, seal character, official script, etc. In addition, under regular script, there are also handwritten forms, Song typeface and imitation Song typeface.

又……又…… yòu…yòu…

several conditions exist at the same time; used to indicate repetition or continuation.

Coordinative relation 并列关系

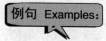 例句 Examples:

(1) 部长进来了,刘秘书又是让座位,又是倒茶,非常热情。
Bùzhǎng jìnlai le, Liú mìshū yòu shì ràng zuòwèi, yòu shì dào chá, fēicháng rèqíng.
Minister came in. Secretary Liu was very enthusiastic. He offered him a seat, and served tea at the same time.

(2) 张老板又去那个四川餐馆吃麻辣烫,吃了麻辣烫,他又去唱卡拉OK,唱了卡拉OK,他又和朋友一起搓麻将。这是张老板每天都要做的事情。
Zhāng lǎobǎn yòu qù nà ge Sìchuān cānguǎn chī málàtàng, chīle málàtàng, tā yòu qù chàng kǎlā OK, chàngle kǎlā OK, tā yòu hé péngyou yìqǐ cuō májiàng. Zhè shì Zhāng lǎobǎn měi tiān dōu yào zuò de shìqing.
Boss Zhang went to the Sichuan restaurant for malatang (a Sichuan dish) again. After the malatang, he went for Karaoke. And then he continued to play mah-jong with friends. These are his daily routine.

(3) 贝克汉姆留长头发,小刘就不理发,让头发疯狂地长;不多久,贝克汉姆又剃了莫西干头,小刘就把两边的头发剃了,只在脑袋中间留一道头发;后来贝克汉姆又剃了光头,小刘就马上把头发全剃光了。

Bèikèhànmǔ liú cháng tóufa, Xiǎo Liú jiù bù lǐ fà, ràng tóufa fēngkuáng de zhǎng; bù duō jiǔ, Bèikèhànmǔ yòu tìle Mòxīgāntóu, Xiǎo Liú jiù bǎ liǎng biān de tóufa tì le, zhǐ zài nǎodai zhōngjiān liú yí dào tóufa; hòulái Bèikèhànmǔ yòu tìle guāngtóu, Xiǎo Liú jiù mǎshàng bǎ tóufa quán tìguāng le.

Beckham wore his hair long, so Xiao Liu wouldn't have a haircut and let his hair grow long. Not long after, Beckham had a Mohican hairstyle, so Xiao Liu had both sides of his head shaved and only left some in the middle. Beckham later had his head shaved, so Xiao Liu immediately followed suit.

一面……一面…… yímiàn…yímiàn…

at the same time, simultaneously

例句 Examples：

(1) 杰克吃惊地看着老李吃面条。老李一面吃面条，一面发出很响的声音。
Jiékè chījīng de kànzhe Lǎo Lǐ chī miàntiáo. Lǎo Lǐ yímiàn chī miàntiáo, yímiàn fāchū hěn xiǎng de shēngyīn.
Jack watched Lao Li eating noodles surprisingly. While eating, Lao Li produced a very loud sound.

(2) 儿子喜欢这样，一面听美国乡村音乐，一面做

Coordinative relation 并列关系

作业。
Érzi xǐhuan zhèyàng, yímiàn tīng Měiguó xiāngcūn yīnyuè, yímiàn zuò zuòyè.

My son likes to do homework while listening to American country music.

(3) 李部长有这个本事：他可以一面听部下的汇报，一面在电脑上自己修改着什么。

Lǐ bùzhǎng yǒu zhè ge běnshi: tā kěyǐ yímiàn tīng bùxià de huìbào, yímiàn zài diànnǎo shang zìjǐ xiūgǎi zhe shénme.

Minister Li is capable of this: he can listen to report of his subordinate and at the same time make corrections on his computer.

既……又…… jì…yòu…

both . . . and . . .

例句 Examples：

(1) 成天吃这些垃圾食品，人可能会吃得既胖又笨。
Chéng tiān chī zhèxiē lājī shípǐn, rén kěnéng huì chī de jì pàng yòu bèn.

Eating these junk food all the time, the person could become both fat and stupid.

(2) 我既不懂英语，又不会在社交场合交际，就不

7

跟你一起去参加那个晚会了。
Wǒ jì bù dǒng Yīngyǔ, yòu bú huì zài shèjiāo chǎnghé jiāojì, jiù bù gēn nǐ yìqǐ qù cānjiā nà ge wǎnhuì le.
I don't speak English, neither can I socialize with people on social occasions. So I won't go to the party with you.

(3) 加入WTO以后，再也不能有那种既当运动员又当裁判员的企业了。
Jiārù WTO yǐhòu, zài yě bù néng yǒu nà zhǒng jì dāng yùndòngyuán yòu dāng cáipànyuán de qǐyè le.
After accession to the WTO, there will no longer be enterprises acting as both athlete and referee.

既……也…… jì…yě…

both... and...

例句 Examples：

(1) 这辆车既不贵，也很漂亮，我决定就买这辆车了。
Zhè liàng chē jì bú guì, yě hěn piàoliang, wǒ juédìng jiù mǎi zhè liàng chē le.
I decide to buy this car, as it's both inexpensive and beautiful.

(2) 大使希望找一位年龄大一点儿，社会经验丰富一点儿的汉语教师，这样既可以学到中文，也可以

Coordinative relation 并列关系

从老师那里了解到很多文化和社会方面的知识。

Dàshǐ xīwàng zhǎo yí wèi niánlíng dà yìdiǎnr, shèhuì jīngyàn fēngfù yìdiǎnr de Hànyǔ jiàoshī, zhèyàng jì kěyǐ xuédào Zhōngwén, yě kěyǐ cóng lǎoshī nàli liǎojiě dào hěn duō wénhuà hé shèhuì fāngmiàn de zhīshi.

Ambassador hopes to find an older Chinese teacher with more social experience. Thus, he can both learn Chinese language and learn more about Chinese culture and society from the teacher.

(3) 我建议假期去泰山玩儿，这样既看了风景，也锻炼了身体，多好啊！

Wǒ jiànyì jiàqī qù Tài Shān wánr, zhèyàng jì kànle fēngjǐng, yě duànliànle shēntǐ, duō hǎo a!

I suggest that we go to Taishan Mountain for holiday. Thus, we can both enjoy the view and do physical exercises. How wonderful that would be!

一边……一边…… yìbiān…yìbiān…

two actions taking place at the same time

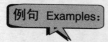

(1) 大家都喜欢和他一起工作，他总是一边干活儿，一边开着玩笑，让气氛非常轻松。

Dàjiā dōu xǐhuan hé tā yìqǐ gōngzuò, tā zǒngshì

yìbiān gàn huór, yìbiān kāizhe wánxiào, ràng qìfēn fēicháng qīngsōng.

Everybody likes to work with him. He always makes jokes while working, bringing a very relaxed atmosphere.

(2) 休假的时候，我可以坐在湖边，一边听着轻音乐，一边看那本难懂的哲学书。

Xiūjià de shíhou, wǒ kěyǐ zuò zài húbiān, yìbiān tīngzhe qīngyīnyuè, yìbiān kàn nà běn nándǒng de zhéxuéshū.

When I'm on holiday, I can sit by the lake, read the difficult philosophy book while listening to light music.

(3) 在美国的五年，他一边打工，一边读书，读完了博士研究生的全部课程。

Zài Měiguó de wǔ nián, tā yìbiān dǎ gōng, yìbiān dú shū, dúwánle bóshì yánjiūshēng de quánbù kèchéng.

In the five years in America, he attended school while working part-time, thus finished all courses for a doctor's degree.

一来……二来……　yīlái…èrlái…

first... second...

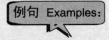例句 Examples:

(1) 大学没毕业他就参加工作了，一来是对大学学

Coordinative relation 并列关系

的东西实在没有兴趣，二来是因为家里太穷，靠父亲一个人挣的钱养活不了一家人。

Dàxué méi bì yè tā jiù cānjiā gōngzuò le, yīlái shì duì dàxué xué de dōngxi shízài méiyǒu xìngqu, èrlái shì yīnwèi jiā li tài qióng, kào fùqin yí ge rén zhèng de qián yǎnghuo bùliǎo yì jiā rén.

He began his career before graduation from university. Because first, he was really not interested in the university courses. And second, his family was poor, his father's income alone couldn't support the whole family.

(2) 他家里来客人的时候，从来不在家里吃饭。一来是房子太小，二来是在家里做饭太麻烦，饭菜也做不出餐馆的味道。

Tā jiā li lái kèrén de shíhou, cónglái bú zài jiā li chī fàn. Yīlái shì fángzi tài xiǎo, èrlái shì zài jiā li zuò fàn tài máfan, fàncài yě zuòbuchū cānguǎn de wèidao.

When he has guests, he never entertains them to dinner at home. First, his flat is too small. And second, it's troublesome to cook at home. Besides, home cooking is always of different taste from restaurant cooking.

(3) 律师出身的父母希望儿子将来也当律师，一来是律师这个职业收入丰厚，二来是他们自己在这一行干了多年，有些老关系和经验可以帮助儿子。

汉语常用关联词语学习手册 Chinese Conjunctions Without Tears

Lǜshī chūshēn de fùmǔ xīwàng érzi jiānglái yě dāng lǜshī, yīlái shì lǜshī zhè ge zhíyè shōurù fēnghòu, èrlái shì tāmen zìjǐ zài zhè yì háng gànle duōnián, yǒuxiē lǎo guānxi hé jīngyàn kěyǐ bāngzhù érzi.

As lawyers, parents hope their son will be a lawyer too in the future. First, it's a well-paid profession. Second, having worked in the profession for years, they have some old connections and experience to help their son.

一来……二来……再说呢……　yīlái…èrlái…zàishuō ne…

first... second... besides (what's more)...

例句 Examples：

(1) 他见人就谈太极拳的好处。一来是他喜欢太极拳，要大家都知道太极拳的妙处，二来是他很孤独，需要找个说话的对象，太极拳又不是让人讨厌的话题，再说呢，他还是太极拳推广站的宣传员，他希望越来越多的人参加太极拳运动。

Tā jiàn rén jiù tán tàijíquán de hǎochu. Yīlái shì tā xǐhuan tàijíquán, yào dàjiā dōu zhīdao tàijíquán de miàochù, èrlái shì tā hěn gūdú, xūyào zhǎoge shuō huà de duìxiàng, tàijíquán yòu bú shì ràng rén tǎoyàn de huàtí, zàishuō ne, tā hái shì tàijíquán tuīguǎngzhàn de xuānchuányuán, tā xīwàng yuè lái yuè duō de rén cānjiā tàijíquán yùndòng.

He talks about the benefits of shadow boxing with everybody.

Coordinative relation 并列关系

First, as a fan of shadow boxing, he wants everybody to know its benefits. Second, he feels lonely and needs somebody to talk to. shadow boxing is not an annoying topic. What's more, he is also a publicist of shadow boxing extension station. He hopes to see more and more people join the sport.

(2) 他在中国工作了8年，不想回国。一来他觉得中国物价便宜，生活很方便，二来他在业务和个人友谊方面建立的关系都在中国，再说呢，他也很喜欢中国文化，一家人都适应了中国的生活环境。

Tā zài Zhōngguó gōngzuòle bā nián, bù xiǎng huí guó. Yīlái tā juéde Zhōngguó wùjià piányi, shēnghuó hěn fāngbiàn, èrlái tā zài yèwù hé gèrén yǒuyì fāngmiàn jiànlì de guānxi dōu zài Zhōngguó, zàishuō ne, tā yě hěn xǐhuan Zhōngguó wénhuà, yì jiā rén dōu shìyìngle Zhōngguó de shēnghuó huánjìng.

He has been working in China for eight years and doesn't want to go back. First, he thinks the price is cheap and life is convenient in China. Second, all his business connections and personal friends are in China. Besides, he likes Chinese culture very much, and his family have adapted to the living environment in China.

(3) 他喜欢坐火车去旅游，一来火车比较平稳，可以在火车上看自己喜欢看的书，二来是坐火车不寂寞，可以和旅途中各种各样的伙伴聊天，再说呢，火车票也非常便宜。

Tā xǐhuan zuò huǒchē qù lǚyóu, yīlái huǒchē bǐjiào píngwěn, kěyǐ zài huǒchē shang kàn zìjǐ xǐhuan kàn de shū, èrlái shì zuò huǒchē bú jìmò, kěyǐ hé lǚtú zhōng gè zhǒng gè yàng de huǒbàn liáo tiān, zàishuō ne, huǒchēpiào yě fēicháng piányi.

He likes to travel by train. First, trains are steady. He can read what he likes on the train. Second, it's never lonely on the train. He can chat with various people during the trip. Besides, train tickets are also very cheap.

一则……二则……　yīzé…èrzé…

　　first... second... ; to enumerate reasons

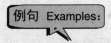
例句 Examples：

(1) 李先生最后决定买那种宽大的吉普车，一则坐人多，空间大，比较舒服，二则可以装不少东西，方便出游。

Lǐ xiānsheng zuìhòu juédìng mǎi nà zhǒng kuāndà de jípǔchē, yīzé zuò rén duō, kōngjiān dà, bǐjiào shūfu, èrzé kěyǐ zhuāng bùshǎo dōngxi, fāngbiàn chūyóu.

Mr Li finally decided to buy the spacious jeep. First, it's comfortable and spacious enough for more people. Second,

Coordinative relation 并列关系

it can hold lots of things and is convenient for traveling.

(2) 刘老太太说，把遗产的二分之一捐献给慈善机构是最好的决定，一则是了却自己多年的愿望，二则可以培养后代们自立自强的性格。
Liú lǎotàitai shuō, bǎ yíchǎn de èr fēn zhī yī juānxiàn gěi císhàn jīgòu shì zuì hǎo de juédìng, yīzé shì liǎoquè zìjǐ duōnián de yuànwàng, èrzé kěyǐ péiyǎng hòudàimen zìlì zìqiáng de xìnggé.
Old Mrs. Liu said, it would be the best decision to donate half of her legacy to charities. First, it has been her wish for years. And second, it's aimed to foster the self-reliance character of her posterity.

(3) 专家们反对在黄河上游修建这样的大坝，一则是否有什么用处值得怀疑，二则对环境的破坏太大。
Zhuānjiāmen fǎnduì zài Huáng Hé shàngyóu xiūjiàn zhèyàng de dàbà, yīzé shìfǒu yǒu shénme yòngchu zhídé huáiyí, èrzé duì huánjìng de pòhuài tài dà.
Experts are against building such a dam on the upper reaches of the Yellow River. First, it's doubtful whether it will be of any use. And second, there'll be a big environmental damage.

时而……时而…… shí'ér…shí'ér…

now… now…, sometimes… sometimes…; more written than 'yihuir'

例句 Examples:

(1) 热带的天气说不好，时而下雨，时而天晴，你出门最好带把雨伞。
Rèdài de tiānqì shuō bu hǎo, shí'ér xià yǔ, shí'ér tiān qíng, nǐ chū mén zuìhǎo dài bǎ yǔsǎn.
Tropical weather is uncertain. One moment it rains, the next it's clear. You'd better take an umbrella.

(2) 新来的老板脾气很怪，时而高兴得眉飞色舞，时而大发雷霆，叫人琢磨不透。
Xīn lái de lǎobǎn píqi hěn guài, shí'ér gāoxìng de méi fēi sè wǔ, shí'ér dà fā léitíng, jiào rén zuómo bú tòu.
The new boss is an eccentric person. One moment he is beaming with joy, the next he is flying into a rage. He is hard to fathom.

(3) 这个曲子节奏不稳定，时而快，时而慢，不适合跳舞。
Zhè ge qǔzi jiézòu bù wěndìng, shí'ér kuài, shí'ér màn, bú shìhé tiào wǔ.
This melody is unsteady in rhythm. It's sometimes quick,

Coordinative relation 并列关系

sometimes slow, not suitable for dancing.

有时候……有时候…… yǒu shíhou…yǒu shíhou…

sometimes... sometimes...

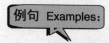 Examples:

(1) 我没有固定的爱好，有时候喜欢钓鱼，有时候喜欢和朋友们一起搓麻将。
Wǒ méiyǒu gùdìng de àihào, yǒu shíhou xǐhuan diào yú, yǒu shíhou xǐhuan hé péngyoumen yìqǐ cuō májiàng.
I don't have fixed hobbies. Sometimes I like fishing. Sometimes I like playing mah-jong with friends.

(2) 这个球员很有天赋，但是发挥很不稳定，有时候打得非常好，有时候又非常糟糕。
Zhè ge qiúyuán hěn yǒu tiānfù, dànshì fāhuī hěn bù wěndìng, yǒu shíhou dǎ de fēicháng hǎo, yǒu shíhou yòu fēicháng zāogāo.
He is a gifted but unsteady player. Sometimes he plays very well, and sometimes very badly.

(3) 这是在山区，手机的信号很不好，有时候很清楚，有时候根本听不见。
Zhè shì zài shānqū, shǒujī de xìnhào hěn bù hǎo, yǒu shíhou hěn qīngchu, yǒu shíhou gēnběn tīng bu jiàn.

It's in the mountains. Mobile phone signals are very bad. Sometimes the voices are clear, and sometimes they are hardly heard.

一会儿……一会儿…… yíhuìr…yíhuìr…

one moment... the next..., now... now...; indicating alternating circumstances

例句 Examples:

(1) 这个地方很不安静，一会儿来个人，一会儿来个人，没法儿学习。
Zhè ge dìfang hěn bù ānjìng, yíhuìr láige rén, yíhuìr láige rén, méifǎr xuéxí.
It's not a very quiet place. Now comes somebody, now comes somebody. It's hard to focus on study.

(2) 老张喜欢钓鱼的时候一个人坐在湖边，一会儿回忆起学生时代的往事，一会儿想一些抽象的哲学或者人生问题。
Lǎo Zhāng xǐhuan diào yú de shíhou yí ge rén zuòzài húbiān, yíhuìr huíyì qǐ xuéshēng shídài de wǎngshì, yíhuìr xiǎng yìxiē chōuxiàng de zhéxué huòzhě rénshēng wèntí.
When fishing, Lao Zhang likes to sit by the lake alone. One moment he recalls the reminiscences of his college days, the next he thinks of some abstract questions about philosophy or life.

Coordinative relation 并列关系

(3) 青春期的孩子就是这样，一会儿阳光灿烂，一会儿阴云密布，情绪变化非常快。

Qīngchūnqī de háizi jiù shì zhèyàng, yíhuìr yángguāng cànlàn, yíhuìr yīnyún mìbù, qíngxù biànhuà fēicháng kuài.

Adolescents are like this. They are very moody, now jubilant, now gloomy.

练习 Exercises

一、用下列关联词语填空：
Fill in the blanks with the following expressions：

又……又……	一面……一面……	既……又……
既……也……	一边……一边……	一来……二来……
一则……二则……	时而……时而……	
有时候……有时候……	一会儿……一会儿……	

1. 妈妈把电视机关了，说："不能_____吃饭_____看电视。"
   Māma bǎ diànshìjī guān le, shuō: "Bù néng _____ chī fàn _____ kàn diànshì."
   Mom turned off the TV and said, 'You can't watch TV while eating'.

2. 我需要一个长一点儿的假期，_____去旅游散散心，_____整理整理思路，反思一下这段时间的工作和生活。
   Wǒ xūyào yí ge cháng yìdiǎnr de jiàqī, _____ qù lǚyóu sànsanxīn, _____ zhěnglǐ zhěnglǐ sīlù, fǎnsī yíxià zhè

19

duàn shíjiān de gōngzuò hé shēnghuó.
I need a longer holiday during which I can relax while sorting out my thoughts and reflecting upon work and life recently.

3. 现在大家都不买这种车了，＿＿＿＿费油，＿＿＿＿容易坏。
Xiànzài dàjiā dōu bù mǎi zhè zhǒng chē le, ＿＿＿＿ fèi yóu, ＿＿＿＿ róngyì huài.
Nobody buys this kind of car now. It's both a gas guzzler and breaks down easily.

4. 在这种场合的着装，＿＿＿＿要整洁，＿＿＿＿要上点儿档次。
Zài zhè zhǒng chǎnghé de zhuózhuāng, ＿＿＿＿ yào zhěngjié, ＿＿＿＿ yào shàngdiǎnr dàngcì.
Dressing code on this kind of occasion should be both tidy and with class.

5. 老张很不喜欢现代流行歌曲，他说＿＿＿＿节奏太快，没有旋律美，＿＿＿＿内容太狭隘，没有社会意义。
Lǎo Zhāng hěn bù xǐhuan xiàndài liúxíng gēqǔ, tā shuō ＿＿＿＿ jiézòu tài kuài, méiyǒu xuánlǜměi, ＿＿＿＿ nèiróng tài xiá'ài, méiyǒu shèhuì yìyì.
Lao Zhang doesn't like pop songs. He thinks first, they are too fast in rhythm lacking a beautiful melody. And second, their contents are too narrow without any social implications.

6. 新年晚会，他穿了一套崭新的唐装，显得＿＿＿＿新潮＿＿＿＿喜庆。
Xīnnián wǎnhuì, tā chuānle yí tào zhǎnxīn de tángzhuāng, xiǎnde ＿＿＿＿ xīncháo ＿＿＿＿ xǐqìng.

Coordinative relation 并列关系

Wearing a new Chinese costume on the New Year party, he looked both stylish and rejoiced.

7. 由于有干扰，电视信号_____强_____弱，很不稳定。
   Yóuyú yǒu gānrǎo, diànshì xìnhào _____ qiáng _____ ruò, hěn bù wěndìng.
   Due to the jamming, TV signals are unsteady, sometimes strong sometimes weak.

8. 两国关系不应该受到各种因素的干扰，_____好_____坏，那样对双方都不利。
   Liǎng guó guānxi bù yīnggāi shòudào gè zhǒng yīnsù de gānrǎo, _____ hǎo _____ huài, nàyàng duì shuāngfāng dōu búlì.
   The bilateral relations shouldn't be interfered by various factors, now good now bad. That won't be in the interests of both sides.

二、把下面的短语或句子连成一段话：
Combine the following phrases or sentences into a paragraph:

1

- 追二兔者不得一兔
  zhuī èr tù zhě bù dé yí tù
  those who chase two rabbits won't get one

- 学习英语
  xuéxí Yīngyǔ

learn English

- 学习法语
xuéxí Fǎyǔ
learn French

2

- 买汽车应该尽量买排气量高一点儿的。
Mǎi qìchē yīnggāi jǐnliàng mǎi páiqìliàng gāo yìdiǎnr de.
People should do the best they can to buy cars with high displacement.

- 排气量低的汽车马力有限，不适合去郊游。
Páiqìliàng dī de qìchē mǎlì yǒuxiàn, bú shìhé qù jiāoyóu.
Cars with low displacement are limited in horsepower and are not good for travelling.

- 排气量低的汽车车身太小，太轻，不安全。
Páiqìliàng dī de qìchē chēshēn tài xiǎo, tài qīng, bù ānquán.
Cars with low displacement are small in size and light in weight, and therefore unsafe.

3

- 我建议利用假期把孩子送到欧洲去参加夏令营。
  Wǒ jiànyì lìyòng jiàqī bǎ háizi sòngdào Ōuzhōu qù cānjiā xiàlìngyíng.
  I suggest we send the kid to Europe for summer camp on his holiday.

- 参加夏令营可以提高孩子的英语水平。
  Cānjiā xiàlìngyíng kěyǐ tígāo háizi de Yīngyǔ shuǐpíng.
  Summer camp will help improve his English.

- 参加夏令营可以锻炼孩子的独立生活能力。
  Cānjiā xiàlìngyíng kěyǐ duànliàn háizi de dúlì shēnghuó nénglì.
  Summer camp will train his ability to live independently.

- 不参加夏令营,把孩子放在家里也没有人照看。
  Bù cānjiā xiàlìngyíng, bǎ háizi fàng zài jiā li yě méiyǒu rén zhàokàn.
  If the kid doesn't join summer camp, nobody will be able to take care of him at home.

- 医院的检查结果还没有出来，李先生非常烦躁。
  Yīyuàn de jiǎnchá jiéguǒ hái méiyǒu chūlai, Lǐ xiānsheng fēicháng fánzào.
  Hospital checkup result has not come out yet. Mr. Li is very nervous.

- 他在医院的走廊里走过来走过去。
  Tā zài yīyuàn de zǒuláng li zǒu guòlái zǒu guòqù.
  He is pacing to and fro in the hallway.

- 他几次跑到拿检查结果的窗口问结果是否已经出来。
  Tā jǐ cì pǎodào ná jiǎnchá jiéguǒ de chuāngkǒu wèn jiéguǒ shìfǒu yǐjing chūlai.
  He goes to the enquiry window several times to ask for the result.

Relation of enumeration

定义：按照时间顺序、主次轻重、词语字数多少与语句长短或其它逻辑及意义分类关系进行平行的罗列。

Definition: To enumerate in parallel according to time sequence, the primary and secondary, number of words and length of sentences, or other logical classification or classification of meaning.

试一试 Have a try

用所给的关联词语把下面的句子连成一段话：
Combine the following sentences into a paragraph with the given expression:

第一……第二……第三……

▶大和电器公司董事长给大家介绍了他们公司成功的经验。
Dàhé Diànqì Gōngsī dǒngshìzhǎng gěi dàjiā jièshàole tāmen gōngsī chénggōng de jīngyàn.
Chairman of Dahe Electrical Appliance Company shared with every-

one the experience of their success story.

▶ 大和电器公司严格把好质量关。
Dàhé Diànqì Gōngsī yángé bǎhǎo zhìliàngguān.
Dahe Electrical Appliance Company does a great job of quality control.

▶ 大和电器公司重视售后服务。
Dàhé Diànqì Gōngsī zhòngshì shòuhòu fúwù.
Dahe Electrical Appliance Company attaches importance to after-sales service.

▶ 大和电器公司注重新产品的开发和研制。
Dàhé Diànqì Gōngsī zhùzhòng xīn chǎnpǐn de kāifā hé yánzhì.
Dahe Electrical Appliance Company places emphasis on research and development of new products.

常用关联词语 Common expressions

第一……第二……第三……　dì yī…dì èr…dì sān…
first... second... third...

首先……其次……第三……　shǒuxiān…qícì…dì sān…
first of all... second... third...

其一……其二……其三……　qíyī…qí'èr…qísān… the
first... the second... the third...

Relation of enumeration 罗列关系

……之一是……；……之二是……   ···zhīyī shì···；···zhī'èr shì···
　　…one of the…；…the other…

一是……二是……三是……   yī shì···èr shì···sān shì···
　　the first… the second… the third…

第一……第二……第三……   dì yī···dì èr···dì sān···
　　first… second… third…

例句 Examples:

(1) 一部好的翻译作品，第一要忠实于原文，第二要通顺流畅，第三要文字优美。
Yí bù hǎo de fānyì zuòpǐn, dì yī yào zhōngshíyú yuánwén, dì èr yào tōngshùn liúchàng, dì sān yào wénzì yōuměi.
A good translation should be, first, faithful to the original, second, coherent and fluent, and third, beautifully written.

(2) 要做成一件大事，必须具备三个条件：第一是天时，时机要好；第二是地利，要有好的地理条件和环境；第三是人和，人要团结，有大家的支持。
Yào zuòchéng yí jiàn dà shì, bìxū jùbèi sān ge tiáojiàn: dì yī shì tiānshí, shíjī yào hǎo; dì èr shì dìlì, yào yǒu hǎo de dìlǐ tiáojiàn hé huánjìng; dì sān shì rénhé, rén yào tuánjié, yǒu dàjiā de zhīchí.

To achieve something big, three conditions are a must. First, good timing, ie good opportunity. Second, geographical convenience, ie good geographical conditions and environment. Third, favorable human conditions, ie unity and popular support.

(3) 所谓"三好学生",就是说:第一,思想品德好;第二,学习成绩好;第三,身体好。
Suǒwèi "sānhǎo xuéshēng", jiù shì shuō: dì yī, sīxiǎng pǐndé hǎo; dì èr, xuéxí chéngjì hǎo; dì sān, shēntǐ hǎo.
The so-called 'good students in three aspects' refer to those who enjoy good character, good performance, and good health.

首先……其次……第三…… shǒuxiān…qící…dì sān…

first of all... second... third...

例句 Examples：

(1) 在谈到这部电影之所以受到大家的欢迎的时候,导演说:"首先,我们有一个好的剧本;其次,我们有一个好的演员班子;第三,我们有一首非常好的主题歌曲。"
Zài tándào zhè bù diànyǐng zhīsuǒyǐ shòudào dàjiā de huānyíng de shíhou, dǎoyǎn shuō: "Shǒuxiān, wǒmen yǒu yí ge hǎo de jùběn; qící, wǒmen yǒu yí ge hǎo de yǎnyuán bānzi; dì sān, wǒmen yǒu yì

shǒu fēicháng hǎo de zhǔtí gēqǔ."

When it comes to why the movie is so popular, the director said: 'First of all, we have a good play. Second, we have a good team of actors. Third, we have a very good theme song.'

(2) 在我即将离开中国的时候，我想说：首先，我要感谢张先生，他是我的中文秘书，也是我工作中不可缺少的得力助手；其次，我要感谢我们家的阿姨李姐，感谢她细致而又耐心的服务，我想我的孩子们回国以后相当长的一段时间里会非常不适应的；第三，我要感谢我的厨师刘师傅，他的中国菜让我胃口总是那么好，我在中国的三年里，长胖了10多斤。

Zài wǒ jíjiāng líkāi Zhōngguó de shíhou, wǒ xiǎng shuō: shǒuxiān, wǒ yào gǎnxiè Zhāng xiānsheng, tā shì wǒ de Zhōngwén mìshū, yě shì wǒ gōngzuò zhōng bùkě quēshǎo de délì zhùshǒu; qícì, wǒ yào gǎnxiè wǒmen jiā de āyí Lǐ jiě, gǎnxiè tā xìzhì ér yòu nàixīn de fúwù, wǒ xiǎng wǒ de háizimen huí guó yǐhòu xiāngdāng cháng de yí duàn shíjiān li huì fēicháng bú shìyìng de; dì sān, wǒ yào gǎnxiè wǒ de chúshī Liú shīfu, tā de zhōngguócài ràng wǒ wèikǒu zǒngshì nàme hǎo, wǒ zài Zhōngguó de sān nián li, zhǎngpàngle shí duō jīn.

At this moment when I'm leaving China, I'd like to say: First of all, I'd like to thank Mr. Zhang, my Chinese secretary and indispensable right-hand man in my work. Second, I'd like to thank our Ayi Sister Li for her considerate and patient service. I believe my children will feel very unadapted for quite some time after they go back home. Third, I'd like to thank my chef Master Liu whose Chinese cooking always gives me a good appetite. I've gained over 10 jin in the three years in China.

(3) 我今天来有三个目的：首先，我来向您告辞，我的任期已满，下个星期就要回国了；其次，我要亲自来感谢这两年来您对我工作的支持；第三，我很高兴地将我的继任者高德先生介绍给您，希望你们今后合作得同样愉快。

Wǒ jīntiān lái yǒu sān ge mùdì: shǒuxiān, wǒ lái xiàng nín gàocí, wǒ de rènqī yǐ mǎn, xià ge xīngqī jiù yào huí guó le; qící, wǒ yào qīnzì lái gǎnxiè zhè liǎng nián lái nín duì wǒ gōngzuò de zhīchí; dì sān, wǒ hěn gāoxìng de jiāng wǒ de jìrènzhě Gāodé xiānsheng jièshào gěi nín, xīwàng nǐmen jīnhòu hézuò de tóngyàng yúkuài.

I'm here today for three purposes. First of all, I'm here to say goodbye. My term is over and I'm leaving next week. Second, I'd like to thank you in person for your support of my work in the past two years. Third, I'd be very happy to introduce to you my successor Mr. Gordon. I hope you will have an equally pleasant cooperation in the future.

Relation of enumeration 罗列关系

其一……其二……其三…… qíyī…qí'èr…qísān…

the first... the second... the third...

例句 Examples:

(1) 做好护士工作要有三"心",其一是爱心,其二是耐心,其三是细心。

Zuòhǎo hùshi gōngzuò yào yǒu sān "xīn", qíyī shì àixīn, qí'èr shì nàixīn, qísān shì xìxīn.

It requires three 'hearts' to be a good nurse. One of them is a loving heart, the other is patience, the third is carefulness.

(2) 说到这部电影的成功之处,我倒是可以说出一些的。电影非常真实,没有空洞的说教,这是其一;电影的故事非常感人,这是其二;演员都是大明星,表演也非常投入和成功,这是其三。

Shuōdào zhè bù diànyǐng de chénggōng zhīchù, wǒ dàoshì kěyǐ shuōchū yìxiē de. Diànyǐng fēicháng zhēnshí, méiyǒu kōngdòng de shuōjiào, zhè shì qíyī; diànyǐng de gùshi fēicháng gǎnrén, zhè shì qí'èr; yǎnyuán dōu shì dà míngxīng, biǎoyǎn yě fēicháng tóurù hé chénggōng, zhè shì qísān.

I have something to share with you about the success of the movie. The movie is true to life without empty concepts. That's the first aspect. The story is touching. That's the second aspect. The actors are all big stars and their performance is devoted and successful. That's the third aspect.

(3) 关于这个项目，我有一些保留意见：其一，时机还不太成熟，我认为还需要看一看；其二，我对我们的合作伙伴的情况了解得还不够；其三，资金投入太大，风险也太大。

Guānyú zhè ge xiàngmù, wǒ yǒu yìxiē bǎoliú yìjiàn: qíyī, shíjī hái bú tài chéngshú, wǒ rènwéi hái xūyào kànyikàn; qí'èr, wǒ duì wǒmen de hézuò huǒbàn de qíngkuàng liǎojiě de hái bú gòu; qísān, zījīn tóurù tài dà, fēngxiǎn yě tài dà.

I have some reservations about the project. Number one, the timing is not ripe yet. I think we still need to wait and see. Number two, I don't know enough about our cooperation partner. Number three, both the investment and risk are too big.

……之一是……；……之二是……　…zhīyī shì…; …zhī 'èr shì…

... one of the... ; ... the other...

例句 Examples:

(1) 我们现在面临着两个困难：困难之一是对中国的法律不够了解；困难之二是对中国政府的政策缺乏研究。

Wǒmen xiànzài miànlínzhe liǎng ge kùnnan: kùnnan zhīyī shì duì Zhōngguó de fǎlǜ bú gòu liǎojiě; kùnnan zhī'èr shì

Relation of enumeration 罗列关系

duì Zhōngguó zhèngfǔ de zhèngcè quēfá yánjiū.
We face two difficulties now, one of which is lack of knowledge about Chinese laws. The other is lack of research on the Chinese government policies.

(2) 我们全家这次一起到西藏旅游有两个目的：目的之一是要去看一看神秘的西藏，了却我们多年的心愿；目的之二是我要做一些弥补，过去我一直忙于工作，跟家人待在一起的时间太少了。
Wǒmen quán jiā zhè cì yìqǐ dào Xīzàng lǚyóu yǒu liǎng ge mùdì: mùdì zhīyī shì yào qù kànyikàn shénmì de Xīzàng, liǎoquè wǒmen duō nián de xīnyuàn; mùdì zhī'èr shì wǒ yào zuò yìxiē míbǔ, guòqù wǒ yìzhí mángyú gōngzuò, gēn jiārén dāi zài yìqǐ de shíjiān tài shǎo le.
Our whole family travel to Tibet together for two purposes. Number one, it has been our wish for years to visit the mystic Tibet. Number two, I want to make up for my family. I have been busy working all the time and have spent too little time with my family.

(3) 许多动物的尾巴有两个最基本的功能：功能之一是保持身体的平衡；功能之二是赶走身边讨厌的苍蝇和虫子。
Xǔduō dòngwù de wěiba yǒu liǎng ge zuì jīběn de gōngnéng: gōngnéng zhīyī shì bǎochí shēntǐ de

33

pínghéng; gōngnéng zhī'èr shì gǎnzǒu shēnbiān tǎoyàn de cāngying hé chóngzi.

Tails of many animals have two most basic functions, one of which is to keep balance. The other is to keep away annoying flies and insects.

一是……二是……三是…… yī shì…èr shì…sān shì…

the first... the second... the third...

例句 Examples:

(1) 成都人泡茶馆有几个目的，一是为了喝茶；二是为了从茶客的谈话中了解到新的有用的信息；三是为了交朋友。

Chéngdūrén pào cháguǎn yǒu jǐ ge mùdì, yī shì wèile hē chá; èr shì wèile cóng chákè de tánhuà zhōng liǎojiě dào xīn de yǒuyòng de xìnxī; sān shì wèile jiāo péngyou.

Chengdu people go to teahouse for several purposes. Number one, to drink tea. Number two, to get new and useful information from chatting with other customers. Number three, to make friends.

(2) 我放弃去美国大学学习的机会有三个原因：一是家里比较困难，没有那么多的钱；二是父母觉得我还小，对我一个人远离家乡不放心；三是我自己更愿意先工作一段时间，有了一定的

Relation of enumeration 罗列关系

积蓄和经验后再去上大学。

Wǒ fàngqì qù Měiguó dàxué xuéxí de jīhuì yǒu sān ge yuányīn：yī shì jiā li bǐjiào kùnnan, méiyǒu nàme duō de qián；èr shì fùmǔ juéde wǒ hái xiǎo, duì wǒ yí ge rén yuǎnlí jiāxiāng bú fàngxīn；sān shì wǒ zìjǐ gèng yuànyì xiān gōngzuò yí duàn shíjiān, yǒule yídìng de jīxù hé jīngyàn hòu zài qù shàng dàxué.

I gave up the opportunity to study in American university for three reasons. Number one, I come from a poor family. We don't have that much money. Number two, my parents think I'm still young. They feel anxious that I'm away from home alone. Number three, I myself would rather work for a while to get some savings and experience before going to university.

(3) 中国人春节放鞭炮的原因有三个：一是传统，据说鞭炮可以赶跑妖怪；二是有节日的喜庆气氛；三是为了好玩儿，特别是孩子们，他们更是把放鞭炮当成了过年的最有趣的游戏。

Zhōngguórén Chūn Jié fàng biānpào de yuányīn yǒu sān ge：yī shì chuántǒng, jùshuō biānpào kěyǐ gǎnpǎo yāoguài；èr shì yǒu jiérì de xǐqìng qìfēn；sān shì wèile hǎowánr, tèbié shì háizimen, tāmen gèng shì bǎ fàng biānpào dàngchéngle guò nián de zuì yǒuqù de yóuxì.

Chinese people set off firecrackers at Spring Festival for three reasons. Number one, tradition has it that firecrackers will keep away evils. Number two, it will bring festive atmosphere. Number three, it's for fun. Children in particular take setting off firecrackers as the most enjoyable game for festival.

练习 Exercises

一、用下列关联词语填空：
Fill in the blanks with the following expressions：

第一……第二……第三…… 首先……其次……第三……
其一……其二……其三…… 一是……二是……三是……
……之一是……；……之二是……；……之三是……

1. 谈到长寿的秘诀，这位老寿星谈了三点：＿＿＿＿要有良好的生活习惯，不抽烟，不喝酒；＿＿＿＿要有良好的心理素质，遇事不生气，不乱发脾气，保持乐观的心态；＿＿＿＿要坚持运动，因为运动能提高对疾病的抵抗能力。
Tándào chángshòu de mìjué, zhè wèi lǎo shòuxīng tánle sān diǎn: ＿＿＿＿ yào yǒu liánghǎo de shēnghuó xíguàn, bù chōu yān, bù hē jiǔ; ＿＿＿＿ yào yǒu liánghǎo de xīnlǐ sùzhì, yù shì bù shēng qì, bú luàn fā píqi, bǎochí lèguān de xīntài; ＿＿＿＿ yào jiānchí yùndòng, yīnwèi yùndòng néng tígāo duì jíbìng de dǐkàng nénglì.
The long-lived old man mentioned three aspects of the mystery of longevity. First, good habits of not smoking and drinking. Second, good psychological quality. That's to say people should be optimistic and not get mad and lose temper indiscriminately. They

Relation of enumeration 罗列关系

should also persist in physical exercises because they will build up resistance to disease.

2. 王太太说，打桥牌有很多好处。好处_____是可以很好地打发时间；好处_____是可以多交朋友；好处_____是可以使脑子保持活力，不至于僵化。
Wáng tàitai shuō, dǎ qiáopái yǒu hěn duō hǎochu. Hǎochu _____ shì kěyǐ hěn hǎo de dǎfa shíjiān; hǎochu _____ shì kěyǐ duō jiāo péngyǒu; hǎochu _____ shì kěyǐ shǐ nǎozi bǎochí huólì, bú zhìyú jiānghuà.
Mrs. Wang said that there are many advantages in playing bridge. One of the benefits is to kill time better. The second is to make more friends. The third is to keep one's mind active and not rigid.

3. 谈到为什么不跟大家一样马上去电影院看新出的大片儿时，李老先生说，_____不想让像广告一样的宣传文章影响自己的判断力；_____不想花那么多的钱去买高价票；_____不想像青年学生那样去赶时髦。
Tándào wèi shénme bù gēn dàjiā yíyàng mǎshàng qù diànyǐngyuàn kàn xīn chū de dàpiānr shí, Lǐ lǎo xiānsheng shuō, _____ bù xiǎng ràng xiàng guǎnggào yíyàng de xuānchuán wénzhāng yǐngxiǎng zìjǐ de pànduànlì; _____ bù xiǎng huā nàme duō de qián qù mǎi gāojiàpiào; _____ bù xiǎng xiàng qīngnián xuésheng nàyàng qù gǎn shímáo.
While talking about why not going to the cinema for new blockbusters like other people, old Mr. Li says that first, he doesn't want publici-

ty articles like the advertisements to affect his judgment; Second, he doesn't want to spend that much money on high price tickets; Third, he doesn't want to follow the fashion like young students.

4. 吉姆住在郊区的一栋别墅里，每天都要在路上花两个多小时。吉姆说这样值得。_____，郊区的空气比较清新；_____，郊区的马路上汽车少，比较安静；_____，他的朋友大多住在那里，走动起来比较方便。
Jímǔ zhù zài jiāoqū de yí dòng biéshù li, měi tiān dōu yào zài lù shang huā liǎng ge duō xiǎoshí. Jímǔ shuō zhèyàng zhíde. _____, jiāoqū de kōngqì bǐjiào qīngxīn; _____, jiāoqū de mǎlù shang qìchē shǎo, bǐjiào ānjìng; _____, tā de péngyou dàduō zhù zài nàli, zǒudòng qilai bǐjiào fāngbiàn.
Living in a villa in the suburbs, Jim spends over two hours on the way everyday. Jim says it's worthwhile. First, there is fresh air in the suburbs. Second, as there is less traffic, it's quiet in the suburbs. Third, it's convenient to socialize with his friends as most of them live there too.

二、把下面的句子连成一段话：

Combine the following sentences into a paragraph：

- 小李说他找女朋友有几个必需的条件。
  Xiǎo Lǐ shuō tā zhǎo nǚ péngyou yǒu jǐ ge bìxū de tiáojiàn.

Relation of enumeration 罗列关系

Xiao Li says that his girlfriend must meet several conditions.

- 女朋友必须漂亮。
  Nǚ péngyou bìxū piàoliang.
  Girlfriend must be beautiful.

- 女朋友必须温柔。
  Nǚ péngyou bìxū wēnróu.
  Girlfriend must be gentle.

- 女朋友必须有大学学历。
  Nǚ péngyou bìxū yǒu dàxué xuélì.
  Girlfriend must be a university graduate.

2

- 在我们家吃饭有几个规矩。
  Zài wǒmen jiā chī fàn yǒu jǐ ge guīju.
  There are several rules for eating at our home.

- 吃饭的时候不准交谈。
  Chī fàn de shíhou bù zhǔn jiāotán.
  No talking during meal time.

- 筷子和碗不能发出碰撞的声音。
  Kuàizi hé wǎn bù néng fāchū pèngzhuàng de shēngyīn.

No sound of collision between chopsticks and bowls.

- 喝汤时不能发出声响。
  Hē tāng shí bù néng fāchū shēngxiǎng.
  No sound when having soup.

- 米饭不能掉在桌子上或者地上。
  Mǐfàn bù néng diào zài zhuōzi shang huòzhě dì shang.
  Rice must not fall on the table or floor.

_____

_____

3

- 跟美国人比，中国人教育孩子的观念有许多不同。
  Gēn Měiguórén bǐ, Zhōngguórén jiàoyù háizi de guānniàn yǒu xǔduō bù tóng.
  Compared with Americans, Chinese people are a lot different in terms of the concepts of children's education.

- 中国人重视孩子的教育，并且为孩子指定学习内容和安排学习计划。
  Zhōngguórén zhòngshì háizi de jiàoyù, bìngqiě wèi háizi zhǐdìng xuéxí nèiróng hé ānpái xuéxí jìhuà.
  Chinese people attach importance to children's education. And they assign what their children study and make study plans for them.

Relation of enumeration 罗列关系

- 中国人喜欢给孩子很多零花钱。

Zhōngguórén xǐhuan gěi háizi hěn duō línghuāqián.

Chinese people like to give their children a lot of pocket money.

- 中国人喜欢对孩子有很多的限制，"听话"往往是对孩子的表扬。

Zhōngguórén xǐhuan duì háizi yǒu hěn duō de xiànzhì, "tīnghuà" wǎngwǎng shì duì háizi de biǎoyáng.

Chinese people like to have many restrictions on children. 'Obedience' is always commendation for children.

_____

_____

4

- 杰克兴趣广泛。

Jiékè xìngqu guǎngfàn.

Jack has many hobbies.

- 杰克喜欢钓鱼。

Jiékè xǐhuan diào yú.

Jack likes fishing.

- 杰克喜欢游泳。

Jiékè xǐhuan yóu yǒng.

Jack likes swimming.

汉语常用关联词语学习手册 *Chinese Conjunctions Without Tears*

- 杰克喜欢泡酒吧。
  Jiékè xǐhuan pào jiǔbā.
  Jack likes going to the bars.

_____

_____

Successive relation

定义：按时间顺序叙述连续发生的几件事。
Definition：Describe several events that happen successively according to time sequence.

试一试 Have a try

用所给的关联词语把下面的句子连成一段话：
Combine the following sentences into a paragraph with the given expression：

······于是······

▶ 曲线减肥公司正在物色一个广告模特儿。
Qūxiàn Jiǎnféi Gōngsī zhèngzài wùsè yí ge guǎnggào mótèr.
Graceful Curve Weight-losing Company is looking for a model for advertisement.

▶ 小刘身材很好。

Xiǎo Liú shēncái hěn hǎo.

Xiao Liu has a very nice figure.

▶ 小刘被选中做模特儿了。

Xiǎo Liú bèi xuǎnzhòng zuò mótèr le.

Xiao Liu is chosen as a model.

常用关联词语 Common expressions

了……了 le…le used to indicate actions that take place one by one

了……就…… le…jiù… one action takes place right after other actions

了……再…… le…zài… one action takes place after the completion of another

了……又…… le…yòu… one action takes place again after another

首先……然后…… shǒuxiān…ránhòu… first… then…

先……随后…… xiān…suíhòu… first… soon after…

……于是（就）…… …yúshì (jiù)… therefore, consequently

了……才…… le…cái… used to indicate that sth. happens later than is expected

一……就…… yī…jiù… as soon as…

Successive relation 连贯关系

了……了 le…le

used to indicate actions that take place one by one

例句 Examples:

(1) 汤姆写完了一天的备忘录,洗了澡,关了电视,上床睡觉了。

Tāngmǔ xiěwánle yì tiān de bèiwànglù, xǐle zǎo, guānle diànshì, shàng chuáng shuì jiào le.

Tom finished memo of the day, took a shower, turned off the TV and went to bed.

(2) 退休后,他用两年的时间回故乡看了看,写完了那本多年前就开始动笔,但是一直没有时间完成的书,开始了他攻读民俗学博士课程的学习。

Tuì xiū hòu, tā yòng liǎng nián de shíjiān huí gùxiāng kànlekàn, xiěwánle nà běn duō nián qián jiù kāishǐ dòng bǐ, dànshì yìzhí méiyǒu shíjiān wánchéng de shū, kāishǐle tā gōngdú mínsúxué bóshì kèchéng de xuéxí.

In the two years after he retired, he visited his hometown, finished the book that he had started years ago but hadn't had time to finish, and started studying for the doctorate of folklore.

(3) 吉姆结束了外交官的工作,回到了加利福尼亚州,和几个活泼的孙子和孙女一起,开始享受他的天伦之乐。

Jímǔ jiéshùle wàijiāoguān de gōngzuò, huídàole Jiālìfúníyà Zhōu, hé jǐ ge huópo de sūnzi hé sūnnü yìqǐ, kāishǐ xiǎngshòu tā de tiānlún zhī lè.

Upon completion of his career as a diplomat, Jim went back to the State of California and started to enjoy family happiness with his vivacious grandsons and granddaughters.

了……就…… le…jiù…

one action takes place right after other actions

例句 Examples:

(1) 他吃了饭，洗了澡，看了会儿电视，就睡觉了。
Tā chīle fàn, xǐle zǎo, kànle huìr diànshì, jiù shuì jiào le.
He went to bed after he had dinner, took a shower and watched TV for a while.

(2) 通过了HSK考试，他就被总部派到中国来工作了。
Tōngguòle HSK kǎoshì, tā jiù bèi zǒngbù pàidào Zhōngguó lái gōngzuò le.
Right after he passed HSK, he was sent by the Headquarters to work in China.

(3) 他在公司只工作了几年，就被提拔为人力资源

Successive relation 连贯关系

部经理了。
Tā zài gōngsī zhǐ gōngzuòle jǐ nián, jiù bèi tíbá wéi rénlì zīyuánbù jīnglǐ le.
He was promoted to General Manager of Human Resources Department after working in the company for only a few years.

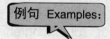 le…zài…

one action takes place after the completion of another

例句 Examples:

(1) 药对胃有刺激作用，大夫说，吃了饭，过半个钟头再吃药比较好。
Yào duì wèi yǒu cìjī zuòyòng, dàifu shuō, chīle fàn, guò bàn ge zhōngtóu zài chī yào bǐjiào hǎo.
Medicine irritates the stomach. Doctor says it would be better to take medicine half an hour after meals.

(2) 小卫打算在这家公司里工作几年，有了一定的工作经验，再去欧洲学习工商管理学课程，学完后再回中国开一家属于自己的公司。
Xiǎo Wèi dǎsuan zài zhè jiā gōngsī li gōngzuò jǐ nián, yǒule yídìng de gōngzuò jīngyàn, zài qù Ōuzhōu xuéxí gōngshāng guǎnlǐxué kèchéng, xué wán hòu zài huí Zhōngguó kāi yì jiā shǔyú zìjǐ de gōngsī.
Xiao Wei plans to work in the company for a few years to get

some working experience before going to Europe to study MBA. He will then come back to China to start a company of his own after MBA courses.

(3) 每一个项目在开始运作之前,都应该谨慎再谨慎,应该在充分研究了可行性,考虑了各种可能出现的危险和不利因素,做好了各种计划和预算之后,再开始实行。

Měi yí ge xiàngmù zài kāishǐ yùnzuò zhīqián, dōu yīnggāi jǐnshèn zài jǐnshèn, yīnggāi zài chōngfèn yánjiūle kěxíngxìng, kǎolǜle gè zhǒng kěnéng chūxiàn de wēixiǎn hé búlì yīnsù, zuòhǎole gè zhǒng jìhuà hé yùsuàn zhīhòu, zài kāishǐ shíxíng.

Every project should be treated with great caution before its operation. It should be started only after a full feasibility study, consideration of various risks and unfavorable factors, and preparation of various plans and budgets.

了……又…… le…yòu…

one action takes place again after another

例句 Examples:

(1) 吃了晚饭,他和太太又带着小狗去外面遛弯儿。
Chīle wǎnfàn, tā hé tàitai yòu dàizhe xiǎogǒu qù wàimian liù wānr.
He and his wife took the dog out for a walk again after dinner.

Successive relation 连贯关系

(2) 吉姆改变不了他对赛车运动的热爱。在他治好了上次比赛带来的腰伤后，又钻进了新的赛车。
Jímǔ gǎibiàn bùliǎo tā duì sàichē yùndòng de rè'ài. Zài tā zhìhǎole shàng cì bǐsài dàilái de yāoshāng hòu, yòu zuānjìnle xīn de sàichē.
It is impossible for Jim to stop loving car racing. He got into a new racing car after he recovered from his waist injury from last competition.

(3) 做完了关于伊拉克战争的报道节目，她又接手"非典型性肺炎"的报道任务。
Zuòwánle guānyú Yīlākè zhànzhēng de bàodào jiémù, tā yòu jiēshǒu "fēi diǎnxíngxìng fèiyán" de bàodào rènwù.
After covering the Iraq war, she then took over 'SARS' coverage.

首先……然后…… shǒuxiān…ránhòu…

first... then...

例句 Examples:

(1) 首先必须亲口尝一尝梨子，然后才知道梨子的味道。
Shǒuxiān bìxū qīnkǒu chángyicháng lízi, ránhòu cái zhīdao lízi de wèidao.
You must taste the pear first and then you'll know how it tastes.

(2) 在驾驶学校学习开车，都是首先学习交通规则和汽车的机械原理，然后才开始驾驶技术的练习。
Zài jiàshǐ xuéxiào xuéxí kāi chē, dōu shì shǒuxiān xuéxí jiāotōng guīzé hé qìchē de jīxiè yuánlǐ, ránhòu cái kāishǐ jiàshǐ jìshù de liànxí.
To learn how to drive in driving school, trainees will first learn traffic rules and mechanical theories of autos before practicing driving skills.

(3) 老板说，首先要过语言关，HSK 要取得规定的成绩，然后才会派他来中国开展业务。
Lǎobǎn shuō, shǒuxiān yào guò yǔyánguān, HSK yào qǔdé guīdìng de chéngjì, ránhòu cái huì pài tā lái Zhōngguó kāizhǎn yèwù.
The boss says he will be sent to China to start business only after he passes HSK and reaches certain level of the test.

先……随后…… xiān…suíhòu…

first... soon after...

例句 Examples:

(1) 他今天似乎有心事，先是简单吃了两口饭，随后就去睡了。
Tā jīntiān sìhū yǒu xīnshì, xiān shì jiǎndān chīle liǎng kǒu fàn, suíhòu jiù qù shuì le.
He seemed preoccupied with worry today. He grabbed a

Successive relation 连贯关系

bite first and went to bed soon after.

(2) 这件事办得不是很妥当，自然是对他的事业有很大的影响。纽约总部先是让他写了一个详细的汇报，随后就把他调回国了。
Zhè jiàn shì bàn de bú shì hěn tuǒdàng, zìrán shì duì tā de shìyè yǒu hěn dà de yǐngxiǎng. Niǔyuē zǒngbù xiān shì ràng tā xiěle yí ge xiángxì de huìbào, suíhòu jiù bǎ tā diàohuí guó le.
The fact that this matter was not properly handled naturally affected his career greatly. The Headquarters in New York asked him to write a detailed report first and transferred him back soon after.

(3) 他先卖了在天津的房子，随后就到北京来了。
Tā xiān màile zài Tiānjīn de fángzi, suíhòu jiù dào Běijīng lái le.
He sold his house in Tianjin first, and came to Beijing soon after.

······于是（就）······ ···yúshì (jiù)···

therefore, consequently

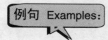 Examples:

(1) 晚饭以后，他感到有点儿闷热，于是就到花园里去散步了。

Wǎnfàn yǐhòu, tā gǎndào yǒudiǎnr mēnrè, yúshì jiù dào huāyuán li qù sàn bù le.

He felt a little hot and stuffy after dinner. So he went to the garden for a walk.

(2) 五一劳动节放假10天，于是他决定邀上几个朋友一起去西藏旅游。

Wǔyī Láodòng Jié fàng jià shí tiān, yúshì tā juédìng yāoshang jǐ ge péngyou yìqǐ qù Xīzàng lǚyóu.

There are 10 days off for May Day. So he decides to ask a few friends to go to Tibet together.

(3) 在公司他的人缘非常好，于是在选举工会主席的时候，他以全票当选。

Zài gōngsī tā de rényuán fēicháng hǎo, yúshì zài xuǎnjǔ gōnghuì zhǔxí de shíhou, tā yǐ quánpiào dāngxuǎn.

He is very popular in the company. So he is unanimously elected chairman of the trade union.

了……才…… le…cái…

used to indicate that sth. happens later than is expected

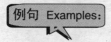 例句 Examples：

(1) 看了半天，他才明白这幅漫画的意思。
Kànle bàntiān, tā cái míngbai zhè fú mànhuà de yìsi.

He did not get the meaning of the caricature until quite some time later.

(2) 交往了这么多年，我才发现老李其实是个非常有心计的人。
Jiāowǎngle zhème duō nián, wǒ cái fāxiàn Lǎo Lǐ qíshí shì ge fēicháng yǒu xīnjì de rén.
I did not realize that Lao Li is in fact a calculating sort until after years of association with him.

(3) 花了整整十年的时间，他才完成了这本书的初稿。
Huāle zhěngzhěng shí nián de shíjiān, tā cái wánchéngle zhè běn shū de chūgǎo.
He did not finish the first draft of the book until 10 full years later.

一……就…… yī…jiù…

as soon as...

例句 Examples:

(1) 吉姆一回到北京，感冒就好了。
Jímǔ yì huídào Běijīng, gǎnmào jiù hǎo le.
Jim's cold was cured as soon as he came back to Beijing.

(2) 集邮是他多年的爱好，你要是跟他一谈到邮票的事情，他就会激动起来。

Jíyóu shì tā duō nián de àihào, nǐ yàoshi gēn tā yì tándào yóupiào de shìqing, tā jiù huì jīdòng qilai.

Stamp collection has been his hobby for years. He will be very excited as soon as you start the topic of stamps.

(3) 一听说北京开放了部分金融市场，公司董事会就马上组织了到北京的访问。

Yī tīngshuō Běijīng kāifàngle bùfen jīnróng shìchǎng, gōngsī dǒngshìhuì jiù mǎshàng zǔzhīle dào Běijīng de fǎngwèn.

Company board of directors immediately organized a visit to Beijing as soon as they heard that Beijing opened part of its financial market.

练习 Exercises

一、用下列关联词语填空：

Fill in the blanks with the following expressions：

| 了……了…… 了……就…… 了……再…… |
| 了……又…… 首先……然后…… 先……随后…… |
| ……于是（就）…… 了……才…… 一……就…… |

1. 我们_____要在贵宾楼酒店宴请代表团，_____去长安大戏院观看京剧表演。

   Wǒmen _____ yào zài Guìbīnlóu Jiǔdiàn yànqǐng dàibiǎotuán, _____ qù Cháng'ān Dàxìyuàn guānkàn

54

Successive relation 连贯关系

jīngjù biǎoyǎn.
We will first give a banquet in honor of the delegation at Grand Hotel Beijing. And then we will go to Chang'an Theatre for Peking opera performance.

2. 他的病情明显有好转。早上他喝_____一杯牛奶，吃_____一个汉堡包，还到花园里散_____一会儿步。
   Tā de bìngqíng míngxiǎn yǒu hǎozhuǎn. Zǎoshang tā hē _____ yì bēi niúnǎi, chī _____ yí ge hànbǎobāo, hái dào huāyuán li sàn _____ yíhuìr bù.
   He is obviously getting better. In the morning he had a glass of milk, a hamburger, and went for a walk in the garden.

3. 医学科学家们研究_____一个多月，_____发现这种病的病因。
   Yīxué kēxuéjiāmen yánjiū _____ yí ge duō yuè, _____ fāxiàn zhè zhǒng bìng de bìngyīn.
   Medical scientists didn't find the cause of the disease until a month later as a result of their research.

4. 吃_____几次川菜，他_____上火了。所谓"上火"，就相当于西医说的身体某些部位，如嗓子，发炎了。
   Chī _____ jǐ cì chuāncài, tā _____ shàng huǒ le. Suǒwèi "shàng huǒ", jiù xiāngdāngyú xīyī shuō de shēntǐ mǒuxiē bùwèi, rú sǎngzi, fā yán le.
   He went to Sichuan restaurant a few times and suffered from internal heat again. By 'internal heat', we mean inflammation of

55

body organs such as throat under western medicine.

5. 吉姆打算看完_____这些介绍西部的文章，_____亲自去西部考察一下。

Jímǔ dǎsuan kànwán _____ zhèxiē jièshào xībù de wénzhāng, _____ qīnzì qù xībù kǎochá yíxià.

Jim plans to finish these articles about the West first before going there in person for inspection.

6. 小周的英文水平很高，但是她工作起来缺少热情，也不够细致。_____公司决定辞退她，另外寻找一个更合适的人选。

Xiǎo Zhōu de Yīngwén shuǐpíng hěn gāo, dànshì tā gōngzuò qilai quēshǎo rèqíng, yě bú gòu xìzhì. _____ gōngsī juédìng cítuì tā, lìngwài xúnzhǎo yí ge gèng héshì de rénxuǎn.

Xiao Zhou's English is very good, but she lacks enthusiasm at work and neither is she a careful person. Therefore the company decided to fire her and get a better candidate instead.

二、把下面的短语或句子连成一段话：

Combine the following phrases or sentences into a paragraph：

- 小周的英文非常好，他的托福考试竟然达到了600多分。

Successive relation 连贯关系

Xiǎo Zhōu de Yīngwén fēicháng hǎo, tā de Tuōfú kǎoshì jìngrán dádàole liù bǎi duō fēn.

Xiao Zhou speaks very good English. He even got over 600 marks for TOFEL test.

- 公司决定调小周到销售部工作。

  Gōngsī juédìng diào Xiǎo Zhōu dào xiāoshòubù gōngzuò.

  Company decided to transfer Xiao Zhou to sales department.

2

- 吉姆晚上感到有点儿不舒服。

  Jímǔ wǎnshang gǎndào yǒudiǎnr bù shūfu.

  Jim didn't feel well in the evening.

- 吉姆晚饭只吃了两口。

  Jímǔ wǎnfàn zhǐ chīle liǎng kǒu.

  Jim only ate a little for dinner.

- 吉姆去睡觉了。

  Jímǔ qù shuì jiào le.

  Jim went to bed.

- 在上海参观了几家工厂
  zài Shànghǎi cānguānle jǐ jiā gōngchǎng
  visit a few factories in Shanghai

- 去欧洲
  qù Ōuzhōu
  go to Europe

- 董事会一行这次主要的任务在欧洲。
  Dǒngshìhuì yīxíng zhè cì zhǔyào de rènwu zài Ōuzhōu.
  The main task of board of directors and its entourage is in Europe this time.

_____

_____

④

- 老张工作非常负责。
  Lǎo Zhāng gōngzuò fēicháng fùzé.
  Lao Zhang is very conscientious in his work.

- 他每天下班后要写备忘录和第二天的工作要点。
  Tā měi tiān xià bān hòu yào xiě bèiwànglù hé dì èr tiān de gōngzuò yàodiǎn.

Successive relation 连贯关系

He writes memo and work outline for the next day after work everyday.

- 老张写完备忘录和第二天的工作要点后才回家。
  Lǎo Zhāng xiěwán bèiwànglù hé dì èr tiān de gōngzuò yàodiǎn hòu cái huí jiā.
  Lao Zhang won't go home until he finishes the memo and work outline for the next day.

_____

_____

5

- 我父母曾在中国工作，我也随父母在中国住过几年，学会了汉语。
  Wǒ fùmǔ céng zài Zhōngguó gōngzuò, wǒ yě suí fùmǔ zài Zhōngguó zhùguo jǐ nián, xuéhuìle Hànyǔ.
  My parents used to work in China. Having also lived in China for a few years with my parents, I learned to speak Chinese.

- 我对中国文化自小就有浓厚的兴趣。
  Wǒ duì Zhōngguó wénhuà zìxiǎo jiù yǒu nónghòu de xìngqu.
  I have begun to take a deep interest in Chinese culture since childhood.

- 我当了外交官，被派到中国工作，在中国工作了

8年。
Wǒ dāngle wàijiāoguān, bèi pàidào Zhōngguó gōngzuò, zài Zhōngguó gōngzuòle bā nián.
I became a diplomat and was sent to work in China and lived in China for eight years.

_____

_____

Suppositional relation

定义：表示假设和结论的关系。一个分句提出一种假设，另一分句说出按这种假设所推出的结论。

Definition：Used to describe relations of assumption and conclusion. The clause gives assumption, the other clause gives conclusion based on the assumption.

试一试 Have a try

用所给的关联词语把下面的句子连成一段话：
Combine the following sentences into a paragraph with the given expression：

……的话

▶政策需要人去执行。
Zhèngcè xūyào rén qù zhíxíng.
Policies need to be implemented.

▶有了好的政策，也有了好的执行者，事情就会办好。
Yǒule hǎo de zhèngcè, yě yǒule hǎo de zhíxíngzhě,

shìqing jiù huì bànhǎo.

With good policies and good implementers, things will be easier.

▶ 有了好的政策,没有好的执行者,事情办不好。
Yǒule hǎo de zhèngcè, méiyǒu hǎo de zhíxíngzhě, shìqing bàn bu hǎo.

With good policies but without good implementers, things won't be properly handled.

常用关联词语 Common expressions

如果……就……	rúguǒ…jiù…	if... then...
若……便……	ruò…biàn…	if... then...
假使……那……	jiǎshǐ…nà…	suppose... then...
要是……就……	yàoshi…jiù…	in case... then...
若(如果)……那(那么)……	ruò(rúguǒ)…nà(nàme)…	if... then...
再不……就(会)……/(连……都……)	zài bù…jiù(huì)…/(lián…dōu…)	if not..., or else...
要不……/要不然……	yàobù…/yàoburán…	otherwise..., or else..., or...
要不是……	yàobúshì…	if it were not for..., but for...
……的话	…dehuà	if...; used at the end of a conditional clause
即使……也……	jíshǐ…yě…	even if...; even though...

Suppositional relation 假设关系

如果……就…… rúguǒ…jiù…

if... then...

例句 Examples:

(1) 如果我想喝啤酒，我就去酒吧喝，我很少在家里喝啤酒。

Rúguǒ wǒ xiǎng hē píjiǔ, wǒ jiù qù jiǔbā hē, wǒ hěn shǎo zài jiā li hē píjiǔ.

If I want to drink beer, I will go to bar. I seldom drink beer at home.

(2) 星期天是我和夫人结婚20周年纪念日，我们准备在家举办一个家庭舞会，如果有空，就请赏光。

Xīngqītiān shì wǒ hé fūrén jié hūn èrshí zhōunián jìniànrì, wǒmen zhǔnbèi zài jiā jǔbàn yí ge jiātíng wǔhuì, rúguǒ yǒu kòng, jiù qǐng shǎngguāng.

The 20th wedding anniversary of my wife and I is on sunday. We are giving a family ball at home. If you are free, please join us.

(3) 如果是分别时送人刀做礼物，那就表示要跟对方一刀两断。

Rúguǒ shì fēnbié shí sòng rén dāo zuò lǐwù, nà jiù biǎoshì yào gēn duìfāng yì dāo liǎng duàn.

If knives are chosen as farewell presents, that shows the intention to make a clean break.

若……便…… ruò…biàn…

if... then...

例句 Examples:

(1) 若不行,便不要勉强。
Ruò bù xíng, biàn búyào miǎnqiǎng.
If it's not ok, don't force yourself.

(2) 若没有时间,我便给你打电话。
Ruò méiyǒu shíjiān, wǒ biàn gěi nǐ dǎ diànhuà.
If I don't have time, I'll call you.

(3) 若想学习更高级的技术,便需要多交学费。
Ruò xiǎng xuéxí gèng gāojí de jìshù, biàn xūyào duō jiāo xuéfèi.
If one wants to learn more advanced technology, he needs to pay more.

假使……那…… jiǎshǐ…nà…

suppose... then...

例句 Examples:

(1) 假使晕船,那我们就只能乘飞机去大连了。
Jiǎshǐ yùn chuán, nà wǒmen jiù zhǐ néng chéng fēijī

Suppositional relation 假设关系

qù Dàlián le.
If anybody is seasick, then we'll have to fly to Dalian.

(2) 假使订不上单间，那就只好两个人共住一个房间了。
Jiǎshǐ dìng bu shàng dānjiān, nà jiù zhǐhǎo liǎng ge rén gòng zhù yí ge fángjiān le.
If single rooms are not available, then two people will have to share a room.

(3) 假使买不到这部电影的原版VCD，那也不应该买盗版的。
Jiǎshǐ mǎi bu dào zhè bù diànyǐng de yuánbǎn VCD, nà yě bù yīnggāi mǎi dàobǎn de.
Even if you can't get the original VCD of the movie, you shouldn't buy a pirated one.

要是……就…… yàoshi…jiù…

in case... then...

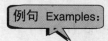
Examples:

(1) 要是天气好，我们就去爬山，要是天气不好，我们就去钓鱼。
Yàoshi tiānqì hǎo, wǒmen jiù qù pá shān, yàoshi tiānqì bù hǎo, wǒmen jiù qù diào yú.
If the weather is fine, we'll go climbing mountain. If it's not, we'll go fishing.

(2) 要是我的老板同意，我就继续学习汉语，直到考试合格为止。
Yàoshi wǒ de lǎobǎn tóngyì, wǒ jiù jìxù xuéxí Hànyǔ, zhídào kǎoshì hé gé wéizhǐ.
If my boss approves, I'll continue with my Chinese lessons until I pass the test.

(3) 在医学院读书时，院长跟我们讲过不止一次：要是没有爱心和耐得住寂寞的平常心，那就最好不要选择医生这个职业。
Zài yīxuéyuàn dú shū shí, yuànzhǎng gēn wǒmen jiǎngguo bù zhǐ yí cì: yàoshi méiyǒu àixīn hé nàidezhù jìmò de píngchángxīn, nà jiù zuìhǎo bú yào xuǎnzé yīshēng zhè ge zhíyè.
When we were students at medical college, principal said to us repeatedly that without a loving heart and peace of mind that can endure loneliness, we'd better not choose to be a doctor.

若（如果）……那（那么）…… ruò (rúguǒ) … nà (nàme) …
if... then...

例句 Examples:

(1) 若不信，那就请你自己去问他。
Ruò bú xìn, nà jiù qǐng nǐ zìjǐ qù wèn tā.
If you don't believe me, ask him yourself.

Suppositional relation 假设关系

(2) 如果不是父母的鼓励,那么我就不会坚持到今天。
Rúguǒ bú shì fùmǔ de gǔlì, nàme wǒ jiù bú huì jiānchí dào jīntiān.
If it were not for my parents' encouragement, I wouldn't have hold on until today.

(3) 若不是1997年我亲身来中国旅游,那我对中国的看法就只能跟西方某些报纸上宣传的一样了。
Ruò bú shì yījiǔjiǔqī nián wǒ qīnshēn lái Zhōngguó lǚyóu, nà wǒ duì Zhōngguó de kànfǎ jiù zhǐ néng gēn Xīfāng mǒuxiē bàozhǐ shang xuānchuán de yíyàng le.
But for my trip to China in 1997, my opinion of China would have been the same as some Western newspaper reports.

再不……就(会)……/(连……都……) zài bù…jiù(huì)…/(lián…dōu…)

if not..., or else...

例句 Examples:

(1) 病得这么厉害,再不上医院,就会有危险的。
Bìng de zhème lìhai, zài bú shàng yīyuàn, jiù huì yǒu wēixiǎn de.
You are so ill. If you still don't go to the hospital, you'll be in danger.

(2) 现在,市场准入问题是大家谈得最多的问题之一。政府再不推出新的政策,就会受到来自各方面的批评的。
Xiànzài, shìchǎng zhǔnrù wèntí shì dàjiā tán de zuì duō de wèntí zhīyī. Zhèngfǔ zài bù tuīchū xīn de zhèngcè, jiù huì shòudào láizì gè fāngmiàn de pīpíng.
Market access is one of the topics most talked about now. If the government still doesn't launch new policies, it will be criticized by various circles.

(3) 再不减肥,你恐怕连楼梯都爬不动了。
Zài bù jiǎn féi, nǐ kǒngpà lián lóutī dōu pá bu dòng le.
If you still don't lose weight, I'm afraid you won't be able to climb the stairs.

要不……/要不然…… yàobù…/yàoburán…

otherwise..., or else..., or...

例句 Examples:

(1) 想当初我们刚开始创业的时候,彼此鼓励,互相信任。可以说,是团结协作的精神帮我们走过了最艰难的日子,要不,就不会有今天的成功。
Xiǎng dāngchū wǒmen gāng kāishǐ chuàngyè de shíhou, bǐcǐ gǔlì, hùxiāng xìnrèn. Kěyǐ shuō, shì

Suppositional relation 假设关系

tuánjié xiézuò de jīngshén bāng wǒmen zǒuguòle zuì jiānnán de rìzi, yàobù, jiù bú huì yǒu jīntiān de chénggōng.

In the first days when we just started our own business, we encouraged and trusted each other. I can say that it was the spirit of unity and cooperation that tided us over the hardest days. Otherwise, we wouldn't have been successful as we are today.

(2) 回顾我学习汉语的经历，我得感谢我的第一任汉语老师。在我感到汉字是那么难的时候，是他给了我极大的鼓励，并且选择了最有效的方法。要不然，我早就放弃了汉语的学习了。

Huígù wǒ xuéxí Hànyǔ de jīnglì, wǒ děi gǎnxiè wǒ de dì yī rèn Hànyǔ lǎoshī. Zài wǒ gǎndào Hànzì shì nàme nán de shíhou, shì tā gěile wǒ jí dà de gǔlì, bìngqiě xuǎnzéle zuì yǒuxiào de fāngfǎ. Yàoburán, wǒ zǎo jiù fàngqìle Hànyǔ de xuéxí le.

Looking back on my experience of Chinese study, I have to thank my first Chinese teacher. When I realized how difficult it was to learn Chinese characters, he gave me tremendous encouragement and chose the most effective method. Otherwise, I would have given up long ago.

(3) 这家俱乐部对穷人家的孩子给予各方面的照顾，是他们热心的扶持造就了这一批足球明星，要不然，我们就不会看到他们精彩的表演了。

Zhè jiā jùlèbù duì qióngrén jiā de háizi jǐyǔ gè

fāngmiàn de zhàogù, shì tāmen rèxīn de fúchí zàojiù le zhè yì pī zúqiú míngxīng, yàoburán, wǒmen jiù bú huì kàndào tāmen jīngcǎi de biǎoyǎn le.

The club has taken good care of the kids from poor families. Their enthusiastic support brought up these football stars. Otherwise, we wouldn't have had the chance to see their excellent performance.

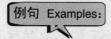 yàobúshì…

if it were not for..., but for...

例句 Examples:

(1) 要不是医生和护士们这么无微不至的关心和照料，病人不会这么早就康复出院的。
Yàobúshì yīshēng hé hùshi men zhème wú wēi bú zhì de guānxīn hé zhàoliào, bìngrén bú huì zhème zǎo jiù kāngfù chū yuàn de.
But for the meticulous care and attention of the doctors and nurses, the patient wouldn't have recovered and left the hospital so soon.

(2) 要不是政府及早采取果断的措施，真不知道这种恶性传染病最终会给社会造成什么样的恶果。
Yàobúshì zhèngfǔ jízǎo cǎiqǔ guǒduàn de cuòshī, zhēn bù zhīdào zhè zhǒng èxìng chuánrǎnbìng zuìzhōng huì gěi shèhuì zàochéng shénmeyàng de èguǒ.
If it were not for the early and resolute measures of the government, no one knows what bad consequences the malig-

nant infectious disease would have caused for the society.

(3) 要不是看到报纸上那篇关于传销的报道文章，恐怕会有数不清的人上当受骗的。
Yàobúshì kàndào bàozhǐ shang nà piān guānyú chuánxiāo de bàodào wénzhāng, kǒngpà huì yǒu shǔ bu qīng de rén shàng dàng shòu piàn de.
But for the newspaper report about pyramid selling, I'm afraid numerous people would have been cheated.

……的话   …dehuà

if…; used at the end of a conditional clause

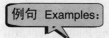 Examples:

(1) 没有你们的书面承诺的话，我们不会随便采取具体的行动。
Méiyǒu nǐmen de shūmiàn chéngnuò dehuà, wǒmen bú huì suíbiàn cǎiqǔ jùtǐ de xíngdòng.
Without your written commitment, we won't take any specific actions casually.

(2) 商业决策有时候是要有点儿冒险精神的，老是前怕狼，后怕虎，犹豫不决的话，商机会一个一个失去的。
Shāngyè juécè yǒu shíhou shì yào yǒudiǎnr màoxiǎn jīngshén de, lǎoshi qián pà láng, hòu pà hǔ, yóuyù bùjué dehuà, shāngjī huì yí ge yí ge shīqù de.

Business decisions sometimes require the spirit of taking risks. If plagued by all sorts of fears all the time, business opportunities will slip away one by one.

(3) 对手下员工的任何一点儿成绩都应该及时地鼓励和表扬，甚至是奖励；相反，老是批评和挑剔的话，会让人失去积极性。

Duì shǒuxià yuángōng de rènhé yìdiǎnr chéngjì dōu yīnggāi jíshí de gǔlì hé biǎoyáng, shènzhì shì jiǎnglì; xiāngfǎn, lǎoshì pīpíng hé tiāotī dehuà, huì ràng rén shīqù jījíxìng.

Any tiny achievement of the staff should be encouraged, commended and even rewarded in time. On the contrary, if the boss is always criticizing and finding faults, staff will lose their initiative.

即使……也…… jíshǐ…yě…

even if..., even though...

例句 Examples:

(1) 拳王阿里有出色的技术，也有高贵的品德，即使是他的竞争对手也非常尊重他的为人。

Quánwáng Ālǐ yǒu chūsè de jìshù, yě yǒu gāoguì de pǐndé, jíshǐ shì tā de jìngzhēng duìshǒu yě fēicháng zūnzhòng tā de wéirén.

Former heavyweight-boxing champion Ali has both excellent skills and virtues even if his rivals respect his conduct.

Suppositional relation 假设关系

(2) 做自己喜欢做的事情，即使失败了也没有什么后悔的。
Zuò zìjǐ xǐhuan zuò de shìqing, jíshǐ shībàile yě méiyǒu shénme hòuhuǐ de.
Do what you like to do. You'll have nothing to regret even if you fail.

(3) 看过这些古代雕塑的人都称赞说，这些雕塑即使用现代的标准来要求，也是非常好的作品。
Kànguo zhèxiē gǔdài diāosù de rén dōu chēngzàn shuō, zhèxiē diāosù jíshǐ yòng xiàndài de biāozhǔn lái yāoqiú, yě shì fēicháng hǎo de zuòpǐn.
Those who have seen these ancient sculptures all praised them as very good works even if by modern standards.

练习 Exercises

一、用下列关联词语填空：

Fill in the blanks with the following expressions：

如果……就…… 若……便…… 假使……那……
要是……就…… 若（如果）……那（那么）……
再不……就（会）……/（连……都……） 要不
要不然…… 要不是…… ……的话 即使……也……

1. 企业要有自己的企业文化，要靠一种制度、一种价值观或者某一种精神把全体员工团结起来，_____，企业会是一盘散沙，没有凝聚力。

Qǐyè yào yǒu zìjǐ de qǐyè wénhuà, yào kào yì zhǒng zhìdù、yì zhǒng jiàzhíguān huòzhě mǒu yì zhǒng jīngshén bǎ quántǐ yuángōng tuánjié qilai, _____, qǐyè huì shì yì pán sǎn shā, méiyǒu níngjùlì.

Enterprises need their own corporate culture. They need to unite all the staff using a kind of system, values or spirit. Otherwise enterprises will be disunited like a heap of loose sand with no cohesiveness.

2. 榜样的力量是非常神奇的。_____大家有一个学习的样板，_____会知道应该怎么做。

Bǎngyàng de lìliang shì fēicháng shénqí de. _____ dàjiā yǒu yí ge xuéxí de yàngbǎn, _____ huì zhīdao yīnggāi zěnme zuò.

A fine example is a magical teacher. If everybody has a model, they will know how to behave.

3. 应该让员工从内心接受你的改革方案，_____他们有抵触情绪，_____就应该去说服他们。

Yīnggāi ràng yuángōng cóng nèixīn jiēshòu nǐ de gǎigé fāng'àn, _____ tāmen yǒu dǐchù qíngxù, _____ jiù yīnggāi qù shuōfú tāmen.

Things should be done to make staff accept your reform plan from the bottom of their heart. If they are resentful, you should convince them.

Suppositional relation 假设关系

4. _____老杨在场的话，那_____好了。老杨是这方面的行家，他会及时给你提供好的建议。

   _____ Lǎo Yáng zàichǎng dehuà, nà _____ hǎo le. Lǎo Yáng shì zhè fāngmiàn de hángjia, tā huì jíshí gěi nǐ tígōng hǎo de jiànyì.

   If Lao Yang was here, everything would be fine. Lao Yang is an expert in this field. He will give you some good suggestions in time.

5. 刘总是个非常谨慎的人，对一个项目没有十分把握_____，他是不会拍板的。

   Liú Zǒng shì ge fēicháng jǐnshèn de rén, duì yí ge xiàngmù méiyǒu shí fēn bǎwò _____, tā shì bú huì pāi bǎn de.

   General Manager Liu is very cautious. Without being 100 per cent sure of a project, he will definitely not make the final decision.

6. 有了好的硬件，还应该有配套的好软件，没有好软件_____，好的硬件也发挥不了它应该起到的作用。

   Yǒule hǎo de yìngjiàn, hái yīnggāi yǒu pèitào de hǎo ruǎnjiàn, méiyǒu hǎo ruǎnjiàn _____, hǎo de yìngjiàn yě fāhuī bùliǎo tā yīnggāi qǐdào de zuòyòng.

   Good hardware should be supported by good software. without good software, good hardware won't be able to play its due role.

7. 人们说现代人要"三会"：会电脑，会开车，会外文。我是一会也不会。_____学习，我_____会成为一件古董了。

75

Rénmen shuō xiàndàirén yào "sān huì": huì diànnǎo, huì kāi chē, huì wàiwén. Wǒ shì yí huì yě bú huì. _____ xuéxí, wǒ _____ huì chéngwéi yí jiàn gǔdǒng le.

People say that modern people should be able to handle three things: computer, driving and a foreign language. I know nothing of the three. If I still don't study, I'll become an antique.

8. 做服务行业的人最重要的是要有好的态度，_____头脑不是特别灵活，只要态度好，_____能做好自己的工作。
Zuò fúwù hángyè de rén zuì zhòngyào de shì yào yǒu hǎo de tàidu, _____ tóunǎo bú shì tèbié línghuó, zhǐyào tàidu hǎo, _____ néng zuòhǎo zìjǐ de gōngzuò.

For those working in service trade, the most important thing is a good attitude. Even if they are not extremely quick-witted, they will be able to do their job well as long as they have a good attitude.

二、把下面的句子连成一段话：

Combine the following sentences into a paragraph:

1

- 老师应该有全面而深厚的知识。
  Lǎoshī yīnggāi yǒu quánmiàn ér shēnhòu de zhīshi.
  Teacher should have comprehensive and profound knowledge.

- 老师应该有很好的人品。
  Lǎoshī yīnggāi yǒu hěn hǎo de rénpǐn.
  Teacher should be a person of very good character.

Suppositional relation 假设关系

- 缺少某一种条件的老师很危险。
  Quēshǎo mǒu yì zhǒng tiáojiàn de lǎoshī hěn wēixiǎn.
  Teacher lacking a certain condition is dangerous.

- 有好人品而没有必要的知识的老师会误人子弟。
  Yǒu hǎo rénpǐn ér méiyǒu bìyào de zhīshi de lǎoshī huì wù rén zǐdì.
  Teacher with a good character but without necessary knowledge will mislead young people.

- 有知识而人品不好的老师会害人子弟。
  Yǒu zhīshi ér rénpǐn bù hǎo de lǎoshī huì hài rén zǐdì.
  Teacher with knowledge but without a good character will cause great harm to young people.

2

- 经常换一换工作或者环境对一个人或者单位都有好处。
  Jīngcháng huàn yi huàn gōngzuò huòzhě huánjìng duì yí ge rén huòzhě dānwèi dōu yǒu hǎochu.
  It will be beneficial both to a person and his work place to constantly change job or environment.

- 在同一个地方工作时间长了，就会产生惰性，缺少新鲜感和热情。
Zài tóng yí ge dìfang gōngzuò shíjiān cháng le, jiù huì chǎnshēng duòxìng, quēshǎo xīnxiāngǎn hé rèqíng.
Working in the same place for too long will result in passivity and the lack of novelty and enthusiasm.

- 换了一个工作，会给人以挑战性，使人工作更投入。
Huànle yí ge gōngzuò, huì gěi rén yǐ tiǎozhànxìng, shǐ rén gōngzuò gèng tóurù.
Change of job will be challenging and will make people more devoted in work.

3

- 一般来说，年龄越大，经验越丰富。
Yìbān láishuō, niánlíng yuè dà, jīngyàn yuè fēngfù.
Normally, the elder the more experienced.

- 年龄和经验不能画等号。
Niánlíng hé jīngyàn bù néng huà děnghào.
Age and experience must not be mentioned in the same breath.

- 一个公司全部雇佣老年人，工作不能搞好。
Yí ge gōngsī quánbù gùyōng lǎoniánrén, gōngzuò bù néng gǎohǎo.

Suppositional relation 假设关系

A company hires old people only, work can't be done well.

_____

_____

4

- 王先生是公司里资格最老的工程师。
  Wáng xiānsheng shì gōngsī li zīgé zuì lǎo de gōngchéngshī.
  Mr. Wang is the most senior engineer in the company.

- 王先生喜欢摆老资格，工作常常讲条件。
  Wáng xiānsheng xǐhuan bǎi lǎo zīgé, gōngzuò chángcháng jiǎng tiáojiàn.
  Mr. Wang likes to strike the pose of an elder and often negotiate the terms in his work.

- 老板不喜欢王先生的表现，打算炒他的鱿鱼。
  Lǎobǎn bù xǐhuan Wáng xiānsheng de biǎoxiàn, dǎsuan chǎo tā de yóuyú.
  Boss doesn't like Mr. Wang's performance and plans to fire him.

_____

_____

79

5

- 李玲在办公室里是个和事老。

  Lǐ Líng zài bàngōngshì li shì ge héshìlǎo.

  Li Ling is a peacemaker in her office.

- 李玲最会调和各种矛盾。

  Lǐ Líng zuì huì tiáohé gè zhǒng máodùn.

  Li Ling is most capable to mediate contradictions.

- 大家都说,办公室有李玲这样一个人,是幸运的事情。

  Dàjiā dōu shuō, bàngōngshì yǒu Lǐ Líng zhèyàng yí ge rén, shì xìngyùn de shìqing.

  Everybody says that it's good luck to have somebody like Li Ling in the office.

- 没有李玲,不可想象办公室会是什么样子。

  Méiyǒu Lǐ Líng, bùkě xiǎngxiàng bàngōngshì huì shì shénme yàngzi.

  It's hard to imagine what will become of the office without Li Ling.

_____

_____

Relation of cause and effect

定义：表示原因和结果的关系，一个分句说出原因，另一分句说出结果。

Definition：To describe relations between cause and effect. The clause explains the cause, while the other one tells the result.

试一试 Have a try

用所给的关联词语把下面的句子连成一段话：
Combine the following sentences into a paragraph with the given expressions：

　　……因此……

　　既然……那（么）……

▶ 刘董事长对这种马拉松式的谈判已经非常厌倦了。
Liú dǒngshìzhǎng duì zhè zhǒng mǎlāsōng shì de tánpàn yǐjing fēicháng yànjuàn le.
Chairman Liu is already fed up with the marathon talks.

▶对方缺少诚意。

Duìfāng quēshǎo chéngyì.

The other side lacks good faith.

▶他认为到了下决心放弃该项目的时候了。

Tā rènwéi dàole xià juéxīn fàngqì gāi xiàngmù de shíhou le.

He believes it's time to make the decision to give up the project.

▶谈判已经三年了,可是还没有明显的进展。

Tánpàn yǐjing sān nián le, kěshì hái méiyǒu míngxiǎn de jìnzhǎn.

The talks have been going on for three years without remarkable progress.

▶何必浪费时间?

Hébì làngfèi shíjiān?

Why waste the time?

常用关联词语 Common expressions

因为……所以……	yīnwèi…suǒyǐ…	because... so...
由于……就……	yóuyú…jiù…	owing to..., because of... then...
……因而……	…yīn'ér…	...therefore..., ...thus...
……因此……	…yīncǐ…	...therefore..., ...consequently...

Relation of cause and effect 因果关系

既(然)……就…… jì(rán)…jiù… since..., now that...

既然……那(么)…… jìrán…nà(me)… since..., as...

既然……(那)就…… jìrán…(nà)jiù… since..., as..., now that...

因为……所以…… yīnwèi…suǒyǐ… because... so...

例句 Examples:

(1) 因为开头的时候太顺利，所以对困难估计得不足。
Yīnwèi kāitóu de shíhou tài shùnlì, suǒyǐ duì kùnnan gūjì de bùzú.
There was a very smooth beginning, so the difficulties were underestimated.

(2) 因为他为人太老实，所以跟别人做生意总是吃亏。
Yīnwèi tā wéirén tài lǎoshi, suǒyǐ gēn biérén zuò shēngyì zǒng shì chī kuī.
Because he is such an honest man, he always suffers losses when doing business with others.

(3) 因为他对法律一窍不通，所以他把打官司的事情全部委托给了律师。

Yīnwèi tā duì fǎlǜ yí qiào bù tōng, suǒyǐ tā bǎ dǎ guānsi de shìqing quánbù wěituō gěile lǜshī.

He knows nothing about law, so he entrusted the entire lawsuit to his lawyer.

由于……就……   yóuyú…jiù…

owing to, because of... then

例句 Examples:

(1) 由于父母希望我们家里有一个医生,我就选择了读医科大学。

Yóuyú fùmǔ xīwàng wǒmen jiā li yǒu yí ge yīshēng, wǒ jiù xuǎnzéle dú yīkē dàxué.

Owing to the fact that my parents hope to have a doctor in our family, I chose to go to medical university.

(2) 由于他勤快、好学,脑子又好使,他的老板就让他做了部门经理。

Yóuyú tā qínkuai、hàoxué, nǎozi yòu hǎoshǐ, tā de lǎobǎn jiù ràng tā zuòle bùmén jīnglǐ.

He is diligent, eager to learn and quick-witted, so his boss makes him department manager.

(3) 由于他经常去电子游戏厅玩游戏,父母就每个月只给他几块钱的零花钱。

Yóuyú tā jīngcháng qù diànzi yóuxìtīng wán yóuxì, fùmǔ jiù měi ge yuè zhǐ gěi tā jǐ kuài qián de línghuāqián.

Relation of cause and effect 因果关系

He often goes to the game hall for video games, so his parents only give him a few yuan as monthly pocket money.

……因而……   …yīn'ér…

…therefore…, …thus…

例句 Examples:

(1) 刚到英国的时候，他无亲无故，又没有一个稳定的工作，常常一个人关在房间里，因而非常想家。

Gāng dào Yīngguó de shíhou, tā wú qīn wú gù, yòu méiyǒu yí ge wěndìng de gōngzuò, chángcháng yí ge rén guān zài fángjiān li, yīn'ér fēicháng xiǎng jiā.

When he just arrived in Britain, he always locked himself in the room, having neither relatives and friends nor a steady job. Therefore he was very homesick.

(2) 在新加坡，对乱扔东西、随地吐痰罚得非常重，因而很少见到有人违反规定。

Zài Xīnjiāpō, duì luàn rēng dōngxi、suídì tǔ tán fá de fēicháng zhòng, yīn'ér hěn shǎo jiàndào yǒu rén wéifǎn guīdìng.

There is a heavy fine for littering and spitting in Singapore. Therefore people seldom go against the rules.

(3) 李老太太有一个理论，那就是身体好必须营养好，因而她总是花大把大把的钱买各种各样的营养品吃。现在她已经吃成了一个大胖子了。

Lǐ lǎotàitai yǒu yí ge lǐlùn, nà jiù shì shēntǐ hǎo bìxū yíngyǎng hǎo, yīn'ér tā zǒngshì huā dà bǎ dà bǎ de qián mǎi gè zhǒng gè yàng de yíngyǎngpǐn chī. Xiànzài tā yǐjing chīchéngle yí ge dà pàngzi le.

Old Mrs. Li's theory is that a good health requires good nutrition. Therefore she always spends a lot of money on various nutrition products, which have made her into a fat person now.

······因此······ ···yīncǐ···

...therefore..., ...consequently...

例句 Examples:

(1) 老李是个粗心的人，他总是丢三落四的。每天上班，他不是忘了带办公室的钥匙，就是忘了带自己的手机或手表。因此，每次上班之前，他夫人总是要问："手机拿了吗？""钥匙带了吗？"或者"戴手表了吗？"

Lǎo Lǐ shì ge cūxīn de rén, tā zǒngshì diū sān là sì de. Měi tiān shàng bān, tā bú shì wàngle dài bàngōngshì de yàoshi, jiù shì wàngle dài zìjǐ de shǒujī huò shǒubiǎo. Yīncǐ, měi cì shàng bān zhīqián, tā fūren zǒngshì yào wèn: "Shǒujī nále ma?" "Yàoshi dàile ma?" huòzhě "Dài shǒubiǎo le ma?"

Relation of cause and effect 因果关系

Lao Li is a careless person who is always forgetting things. He either forgets his office key or his mobile phone or watch every day when he goes to work. Therefore his wife always asks him before he leaves, 'Have you taken your mobile phone?' 'Have you taken your key?' or 'Have you taken your watch?'

(2) 由于李洁是部长的秘书，部里上上下下对他都非常恭敬，因此，李洁自己跟别人说话时声音也都要高出不少，好像他自己就是部长一样。
Yóuyú Lǐ Jié shì bùzhǎng de mìshū, bù li shàngshang xiàxia duì tā dōu fēicháng gōngjìng, yīncǐ, Lǐ Jié zìjǐ gēn biérén shuō huà shí shēngyīn yě dōu yào gāochū bùshǎo, hǎoxiàng tā zìjǐ jiù shì bùzhǎng yíyàng.
Li Jie is secretary to the minister, so everybody in the ministry is respectful towards him. Therefore, Li Jie raises his voice a lot when talking to others, as if he himself is the minister.

(3) 李先生这个人从来都是喜欢听好话，不愿意听别人对他的工作提出意见，因此大家也都尽找好听的跟他说。
Lǐ xiānsheng zhè ge rén cónglái dōu shì xǐhuan tīng hǎo huà, bú yuànyì tīng biérén duì tā de gōngzuò tíchū yìjiàn, yīncǐ dàjiā yě dōu jìn zhǎo hǎotīng de gēn tā shuō.
Mr. Li is always fond of praise and hates to hear criticism

about his work. Therefore everybody tries to say pleasant words to him.

既（然）……就…… jì (rán) …jiù…

since..., now that...

例句 Examples：

(1) 人生没有后悔药可以吃，自己既（然）做出了某种选择，那就不要后悔，要按照自己选择的路好好地走下去。
Rénshēng méiyǒu hòuhuǐyào kěyǐ chī, zìjǐ jì (rán) zuòchūle mǒu zhǒng xuǎnzé, nà jiù bú yào hòuhuǐ, yào ànzhào zìjǐ xuǎnzé de lù hǎohāo de zǒu xiaqu.
There's no cure for regret in our life. Since you have already made your choice, don't regret it, just go ahead on your chosen road.

(2) 孩子既（然）大了，懂事了，就应该尊重孩子的意愿，不应该随便指责批评他。
Háizi jì (rán) dà le, dǒng shì le, jiù yīnggāi zūnzhòng háizi de yìyuàn, bù yīnggāi suíbiàn zhǐzé pīpíng tā.
Now that the kid has grown up and knows how to behave sensibly, adults should respect his will and not criticize him casually.

(3) 既（然）选择了做公众人物，就不应该害怕别人的批评和议论。

Relation of cause and effect 因果关系

Jì (rán) xuǎnzéle zuò gōngzhòng rénwù, jiù bù yīnggāi hàipà biérén de pīpíng hé yìlùn.

Since one has chosen to be a public figure, he shouldn't be afraid of criticism and comments of others.

既然……那（么）…… jìrán…nà (me)…

since..., as...

例句 Examples

(1) 既然大家这么信任我，让我做工会的主席，那么我必须按照大家的意愿大胆地开展工作。

Jìrán dàjiā zhème xìnrèn wǒ, ràng wǒ zuò gōnghuì de zhǔxí, nàme wǒ bìxū ànzhào dàjiā de yìyuàn dàdǎn de kāizhǎn gōngzuò.

Since everyone trusts me so and made me chairman of the labour union, I must do my job boldly according to everyone's will.

(2) 既然来到了中国，那长城是一定要去看看的了。

Jìrán láidàole Zhōngguó, nà Chángchéng shì yídìng yào qù kànkan de le.

Now that we are in China, the Great Wall is a must.

(3) 既然感情已经破裂，那么选择分手也是自然的事情。

Jìrán gǎnqíng yǐjing pòliè, nàme xuǎnzé fēn shǒu yě

shì zìrán de shìqing.
Since love has faded, it's quite natural to break up.

既然……（那）就……　jìrán…（nà）jiù…

since..., as..., now that...

> 例句 Examples：

(1) 既然困了，那就去睡吧。
Jìrán kùn le, nà jiù qù shuì ba.
Since you're sleepy, go to bed.

(2) 既然厌倦了现在的工作，那就换个工作吧。
Jìrán yànjuànle xiànzài de gōngzuò, nà jiù huànge gōngzuò ba.
Now that you are tired of the present job, change a job.

(3) 既然事情已经过去了，就应该向前看，不要老去纠缠过去的事情。
Jìrán shìqing yǐjing guòqu le, jiù yīnggāi xiàng qián kàn, bú yào lǎo qù jiūchán guòqù de shìqing.
Since it's already bygones, let's look ahead and avoid endless quibbling over the past.

Relation of cause and effect 因果关系

练习 Exercises

一、用下列关联词语填空:

Fill in the blanks with the following expressions:

> 因为……所以……　　由于……就……　　……因而……
> 因此……　　既(然)……就……　　既然……那(么)……
> 既然……(那)就……

1. _____人手不够,_____我们临时从社会上招聘了几个人来帮忙。

    _____ rénshǒu bú gòu, _____ wǒmen línshí cóng shèhuì shang zhāopìnle jǐ ge rén lái bāng máng.

    We're understaffed, so we hired a few temporary workers to help.

2. 在班上,小毛宁的成绩不能算好,很少得到老师的表扬,回到家里,爸爸妈妈更是动不动就批评和挖苦他,_____,他对学习渐渐失去了兴趣。

    Zài bān shang, Xiǎo Máo Níng de chéngjì bù néng suàn hǎo, hěn shǎo dédào lǎoshī de biǎoyáng, huídào jiā li, bàba māma gèng shì dòng bu dòng jiù pīpíng hé wākǔ tā, _____, tā duì xuéxí jiànjiàn shīqùle xìngqù.

    Little Mao Ning is not doing very well in his study and seldom gets praised by the teacher. What's more, his parents always criticize him and speak to him sarcastically at home. So he gradually loses interest in study.

3. _____他喜欢电脑,对网络知识、计算机的软硬件问题都很了解,并且有很强的动手能力,大家在这方面有什么问题都找他,他也_____成了办公室里义务的电脑工程师。

_____ tā xǐhuan diànnǎo, duì wǎngluò zhīshi、jìsuànjī de ruǎnyìngjiàn wèntí dōu hěn liǎojiě, bìngqiě yǒu hěn qiáng de dòngshǒu nénglì, dàjiā zài zhè fāngmiàn yǒu shíme wèntí dōu zhǎo tā, tā yě _____ chéngle bàngōngshì li yìwù de diànnǎo gōngchéngshī.

He likes computers and knows a lot about the internet, computer software and hardware. Moreover, he is quite handy about computers. People go to him for help when they have problems. So he has become a volunteer computer engineer in his office.

4. 多年来,他很少再公开露面,_____大家渐渐忘记了他这样一个有名的电影导演。

Duōnián lái, tā hěn shǎo zài gōngkāi lòu miàn, _____ dàjiā jiànjiàn wàngjìle tā zhèyàng yí ge yǒumíng de diànyǐng dǎoyǎn.

He has seldom appeared in public over the years. So everybody gradually forgets him as a famous film director.

5. 老张工作起来从来没有怨言。他总是说:"_____选择了当老师,那_____要有一颗乐于奉献的心,要甘于寂寞和平凡。"

Lǎo Zhāng gōngzuò qilai cónglái méiyǒu yuànyán. Tā zǒngshì shuō: "_____ xuǎnzéle dāng lǎoshī, nà _____ yào yǒu yì kē lèyú fèngxiàn de xīn, yào gānyú jìmò hé píngfán."

Relation of cause and effect 因果关系

Lao Zhang never uttered a word of complaints about work. He always said, 'since you've already chosen to be a teacher, you have to be ready to sacrifice and willing to be lonely and ordinary'.

6. _____做了公众人物，_____就应该有勇气接受大家的挑剔和批评。

_____ zuòle gōngzhòng rénwù, _____ jiù yīnggāi yǒu yǒngqì jiēshòu dàjiā de tiāotī hé pīpíng.

Since he is a public figure, he should have the courage to accept criticism of others.

二、把下面的短语或句子连成一段话：

Combine the following phrases or sentences into a paragraph:

1

- 这本关于科学史的书是写给水平不高的普通人看的。

  Zhè běn guānyú kēxuéshǐ de shū shì xiěgěi shuǐpíng bù gāo de pǔtōngrén kàn de.

  This book about science history is for ordinary people at average level.

- 这本书写得太难。

  Zhè běn shū xiě de tài nán.

  The book is too difficult.

- 这本书应该用通俗的语言来写。

  Zhè běn shū yīnggāi yòng tōngsú de yǔyán lái xiě.

The book should be written in simple language.

- 刘先生和刘太太结婚才三年。
  Liú xiānsheng hé Liú tàitai jié hūn cái sān nián.
  Mr. Liu and Mrs. Liu have been married for only three years.

- 刘先生和刘太太离婚了。
  Liú xiānsheng hé Liú tàitai lí hūn le.
  Mr. Liu and Mrs. Liu are divorced.

- 刘先生和刘太太经常为一些小事吵架。
  Liú xiānsheng hé Liú tàitai jīngcháng wèi yìxiē xiǎo shì chǎo jià.
  Mr. Liu and Mrs. Liu often quarrel over trivia.

- 在张家，贝贝是唯一的男孩子。
  Zài Zhāng jiā, Bèibei shì wéiyī de nán háizi.
  Beibei is the only boy in Zhang's family.

Relation of cause and effect 因果关系

- 贝贝的爸爸也是独子。

  Bèibei de bàba yě shì dúzǐ.

  Beibei's father is also the only son.

- 全家非常宠爱贝贝，什么事都让着他。

  Quán jiā fēicháng chǒng'ài Bèibei, shénme shì dōuràngzhe tā.

  The whole family pamper Beibei a lot and give in with him all the time.

  _____

  _____

4

- 应该对对方有宽容的态度

  yīnggāi duì duìfāng yǒu kuānróng de tàidu

  should tolerate the other person

- 选择了和一个人一起生活

  xuǎnzéle hé yí ge rén yìqǐ shēnghuó

  choose to live with another person

- 夫妻之间需要互相理解。

  Fūqī zhījiān xūyào hùxiāng lǐjiě.

  Husband and wife need to understand each other.

  _____

  _____

5

- 小华有先天的缺陷。

  Xiǎohuá yǒu xiāntiān de quēxiàn.

  Xiao Hua is congenitally deficient.

- 小华的嗓子有点儿毛病。

  Xiǎohuá de sǎngzi yǒudiǎnr máobìng.

  Xiao Hua has a throat problem.

- 小华说话不太清楚。

  Xiǎohuá shuō huà bú tài qīngchu.

  Xiao Hua doesn't speak very clearly.

- 别的孩子常常笑话小华。

  Biéde háizi chángcháng xiàohua Xiǎohuá.

  Other children often laugh at Xiao Hua.

- 小华不喜欢说话。

  Xiǎohuá bù xǐhuan shuō huà.

  Xiao Hua doesn't like to talk.

- 小华的性格越来越孤僻。

  Xiǎohuá de xìnggé yuèláiyuè gūpì.

  Xiao Hua is getting more and more lonely.

Relation of cause and effect 因果关系

6

- 分手算了
  fēn shǒu suàn le
  might as well break up

- 合不来
  hébulái
  can't get along

- 王先生对婚姻的看法非常简单。
  Wáng xiānsheng duì hūnyīn de kànfǎ fēicháng jiǎndān.
  Mr. Wang's opinion about marriage is very simple.

7

- 他申请延长在中国的工作时间。
  Tā shēnqǐng yáncháng zài Zhōngguó de gōngzuò shíjiān.
  He is applying to extend his term in China.

- 按照纽约总部原来的意见,他要在中国工作三年。
  Ànzhào Niǔyuē zǒngbù yuánlái de yìjiàn, tā yào zài Zhōngguó gōngzuò sān nián.
  According to the original decision of the New York Headquarters, he has to work in China for three years.

- 现在他已经适应了这里的工作,一家人包括孩子都开始喜欢上了中国。
Xiànzài tā yǐjing shìyìngle zhèli de gōngzuò, yì jiā rén bāokuò háizi dōu kāishǐ xǐhuan shang le Zhōngguó.
Now he has already adapted to the work here, and his family and children included have also begun to like China.

8

- 王先生夫妇已经搬了三次家了。
  Wáng xiānsheng fūfù yǐjing bānle sān cì jiā le.
  Mr. and Mrs. Wang have already moved three times.

- 王先生夫妇原来住的地方非常乱,对孩子成长不利。
  Wáng xiānsheng fūfù yuánlái zhù de dìfang fēicháng luàn, duì háizi chéngzhǎng búlì.
  The place where Mr. and Mrs. Wang used to live was very messy and was not good for children to grow up.

- 王先生夫妇认为环境对孩子的教育很重要。
  Wáng xiānsheng fūfù rènwéi huánjìng duì háizi de jiàoyù hěn zhòngyào.
  Mr. and Mrs. Wang believe that environment is very important to children's education.

Alternative relation

定义：分别说出几种情况，要求从中选择一种，表示"或此或彼""非此即彼"或者"与其这样不如那样"等意思。

Definition: Choose one alternative from the several situations listed, used to indicate 'this or that', 'either this or that', or 'would rather... than...', etc.

试一试 Have a try

用所给的关联词语把下面的句子连成一段话：
Combine the following sentences into a paragraph with the given expression:

宁愿……也不……

▶ 我愿意花更多的钱买一件真正的艺术品。
Wǒ yuànyì huā gèng duō de qián mǎi yí jiàn zhēnzhèng de yìshùpǐn.
I'm willing to spend more money on a real work of art.

▶ 我不愿意花很少的钱买一件仿制的艺术品。
Wǒ bú yuànyì huā hěn shǎo de qián mǎi yí jiàn fǎngzhì de yìshùpǐn.
I am not willing to spend a little on a fake.

▶ 仿制的艺术品没有收藏价值。
Fǎngzhì de yìshùpǐn méiyǒu shōucáng jiàzhí.
Fakes are not worth collecting.

常用关联词语 Common expressions

与其……不如……	yǔqí … bùrú …	would rather. . . than. . .
宁愿……也不……	nìngyuàn … yě bù …	would rather. . . than. . .
(是)……还是……	(shì) … háishì …	. . . or. . .
要么……要么……	yàome … yàome …	either. . . or. . .
或者(或是/或)……或者(或是/或)……	huòzhě (huòshì/huò) … huòzhě (huòshì/huò) …	either. . . or. . .
不是……便(就)是……	bú shì … biàn (jiù) shì …	either . . . or. . .
……抑或……	… yìhuò …	. . . or. . .

Alternative relation 选择关系

与其……不如…… yǔqí…bùrú…

would rather... than...

例句 Examples:

(1) 与其天天去餐馆吃中餐，那么贵，还不如请一位厨师来家里，想吃什么做什么，想什么时候吃就什么时候吃，还省钱。

Yǔqí tiāntiān qù cānguǎn chī zhōngcān, nàme guì, hái bùrú qǐng yí wèi chúshī lái jiā li, xiǎng chī shénme zuò shénme, xiǎng shénme shíhou chī jiù shénme shíhou chī, hái shěng qián.

Better hire a cook at home and cook whatever and whenever we want to eat and save the money than go to the restaurant everyday for expensive Chinese food.

(2) 与其一次休息两三天，不如把假期集中起来，在暑假或者圣诞节的时候，跟家人一起去度一个长长的假期。

Yǔqí yí cì xiūxi liǎng sān tiān, bùrú bǎ jiàqī jízhōng qilai, zài shǔjià huòzhě Shèngdàn Jié de shíhou, gēn jiārén yìqǐ qù dù yí ge chángcháng de jiàqī.

Better accumulate the holidays and spend a long vacation with family at summer vacation or Christmas than take two or three days off each time.

(3) 吉姆说的与其说是普通话，不如说是山东话。

他跟他的山东老师学习了5年，说的汉语有非常浓的山东口音。
Jímǔ shuō de yǔqí shuō shì pǔtōnghuà, bùrú shuō shì shāndōnghuà. Tā gēn tā de Shāndōng lǎoshī xuéxíle wǔ nián, shuō de Hànyǔ yǒu fēicháng nóng de Shāndōng kǒuyīn.

Jim speaks more Shandong dialect than putonghua. Studying from his Shandong teacher for five years, Jim speaks Chinese with a heavy Shandong accent.

宁愿……也不…… nìngyuàn…yě bù…

would rather... than...

例句 Examples：

(1) 我宁愿打针，也不愿意喝中药，中药太苦了。
Wǒ nìngyuàn dǎ zhēn, yě bú yuànyì hē zhōngyào, zhōngyào tài kǔ le.
I would rather have an injection than drink decoction. It's too bitter.

(2) 我宁愿放弃晋升的机会，也不愿意和他共事，他太自私了。
Wǒ nìngyuàn fàngqì jìnshēng de jīhuì, yě bú yuànyì hé tā gòngshì, tā tài zìsī le.
I would rather give up the promotion than work with him. He is too selfish.

Alternative relation 选择关系

(3) 我们宁愿在可行性研究方面多花一些钱，也不希望在项目启动后才发现这个项目得不偿失或者根本不可行。

Wǒmen nìngyuàn zài kěxíngxìng yánjiū fāngmiàn duō huā yìxiē qián, yě bù xīwàng zài xiàngmù qǐdòng hòu cái fāxiàn zhè ge xiàngmù dé bù cháng shī huòzhě gēnběn bù kěxíng.

We would rather spend more money on feasibility study than find out that it's not worth the candle or simply won't work out after the launch of the project.

(是)……还是……　　(shì) …háishì…

…or…

例句 Examples：

(1) 坚持还是放弃，这是个问题。
Jiānchí háishì fàngqì, zhè shì ge wèntí.
To hold on or to give up? It is a question.

(2) 汤姆这些天在思考一个问题：是把孩子送到国际学校接受国际标准的教育呢，还是送到中国的学校让他亲自接受中国文化的熏陶？他一时拿不定主意。
Tāngmǔ zhèxiē tiān zài sīkǎo yí ge wèntí: shì bǎ háizi sòngdào guójì xuéxiào jiēshòu guójì biāozhǔn de jiàoyù ne, háishì sòngdào Zhōngguó de xuéxiào

ràng tā qīnzì jiēshòu Zhōngguó wénhuà de xūntáo? Tā yìshí ná bu dìng zhúyi.

Tom has been thinking of a question these days. To send the kid to international school for education of international standard or to Chinese school so that he can be nurtured in the influence of Chinese culture? He is unable to decide for the moment.

(3) 是直接从国外招聘高素质的，马上就可以使用的管理人才，还是从中国本地雇员中选拔培养可靠的管理人才？这是公司高层一直在慎重考虑的一个问题。

Shì zhíjiē cóng guówài zhāopìn gāo sùzhì de, mǎshàng jiù kěyǐ shǐyòng de guǎnlǐ réncái, háishì cóng Zhōngguó běndì gùyuán zhōng xuǎnbá péiyǎng kěkào de guǎnlǐ réncái? Zhè shì gōngsī gāocéng yìzhí zài shènzhòng kǎolǜ de yí ge wèntí.

To recruit high quality and ready-to-use management people directly from abroad or to train reliable management people among local Chinese staff? This is what the superior executives of the company have been considering seriously.

要么……要么……   yàome…yàome…

either... or...

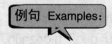
例句 Examples:

(1) 要么去长城，要么去天坛公园，其他的地方我

Alternative relation 选择关系

都去过了。
Yàome qù Chángchéng, yàome qù Tiāntán Gōngyuán, qítā de dìfang wǒ dōu qùguo le.
Either go to the Great Wall or the Temple of Heaven. I have been to all the other places.

(2) 我们没有别的选择，要么苦苦坚持，要么放弃。
Wǒmen méiyǒu bié de xuǎnzé, yàome kǔkǔ jiānchí, yàome fàngqì.
Either hold on painstakingly or give it up. We have no other choices.

(3) 老校长对同学们说："机会到处都有，但机会只会垂青于做好了准备的人。因此，你们只有两种选择，要么现在趁年轻努力学习，成为有准备的人；要么做一个将来埋怨没有机会的牢骚大王。"
Lǎo xiàozhǎng duì tóngxuémen shuō: "Jīhuì dàochù dōu yǒu, dàn jīhuì zhǐ huì chuíqīng yú zuòhǎole zhǔnbèi de rén. Yīncǐ, nǐmen zhǐyǒu liǎng zhǒng xuǎnzé, yàome xiànzài chèn niánqīng nǔlì xuéxí, chéngwéi yǒu zhǔnbèi de rén; yàome zuò yí ge jiānglái mányuàn méiyǒu jīhuì de láosāo dàwáng."
Old principal said to the students, 'Opportunities are everywhere. But they are only for those who are ready. Therefore, you only have two choices: either study hard while

still young and get well-prepared or be a master of complaint in the future and grumble about lack of opportunities.'

或者（或是/或）……或者（或是/或）…… huòzhě (huòshì/ huò) …huòzhě (huòshì/ huò) …

either... or...

例句 Examples：

(1) 或者去，或者留，你是自由的。
Huòzhě qù, huòzhě liú, nǐ shì zìyóu de.
You are free to go or to stay.

(2) 做一个管理者必须有自己的优势，或是自己在本行业中是佼佼者，能让大家信服；或是能够团结大多数人，有亲和力。
Zuò yí ge guǎnlǐzhě bìxū yǒu zìjǐ de yōushì, huòshì zìjǐ zài běn hángyè zhōng shì jiǎojiǎozhě, néng ràng dàjiā xìnfú; huòshì nénggòu tuánjié dàduōshù rén, yǒu qīnhélì.
An executive must have his own advantages. He is either so outstanding in his own field that he can convince others or has such intimate charm that he can unite the majority of people.

(3) 或打车去，或自己开车去，都非常方便。
Huò dǎ chē qù, huò zìjǐ kāi chē qù, dōu fēicháng fāngbiàn.

Alternative relation 选择关系

It's all very convenient to go by taxi or to drive there.

不是……便（就）是……　bú shì…biàn (jiù) shì…

either... or...

例句 Examples：

(1) 当时屋子里只有两个人，不是你，便是他。
Dāngshí wūzi li zhǐyǒu liǎng ge rén, bú shì nǐ, biàn shì tā.
There were only two people in the room then, either you or him.

(2) 这两种动物是天然的敌人，它们一见面，不是你死，就是我活。
Zhè liǎng zhǒng dòngwù shì tiānrán de dírén, tāmen yí jiàn miàn, bú shì nǐ sǐ, jiù shì wǒ huó.
The two species of animal are natural enemies. When they meet, the result is either you die or I live.

(3) 每次跟中国朋友一起喝酒，不是喝得吐了，便是喝得找不着北。
Měi cì gēn Zhōngguó péngyou yìqǐ hē jiǔ, bú shì hē de tù le, biàn shì hē de zhǎo bu zháo běi.
Whenever I drink with Chinese friends, I'm either vomiting or not be able to find the way.

……抑或……　…yìhuò…

...or...

例句 Examples:

(1) 投降抑或反抗，决定于最高统帅。
Tóuxiáng yìhuò fǎnkàng, juédìng yú zuì gāo tǒngshuài.
To surrender or to resist, it is up to the supreme commander.

(2) 自己培养人才，抑或直接从别的公司"挖墙角"，都有它的好处和坏处。
Zìjǐ péiyǎng réncái, yìhuò zhíjiē cóng bié de gōngsī "wā qiángjiǎo", dōu yǒu tā de hǎochu hé huàichu.
To train talents by oneself or directly 'cut the ground from under other company's feet', both ways have their advantages and disadvantages.

(3) 提供无息贷款，捐赠免费食品和其他用品，抑或无偿减免债务，对于发展中国家来说都是有益的举措。不过，我认为，更有帮助的行动应该是给予他们平等的和宽松的发展机会。
Tígōng wú xī dàikuǎn, juānzèng miǎnfèi shípǐn hé qítā yòngpǐn, yìhuò wúcháng jiǎnmiǎn zhàiwù, duìyú fāzhǎnzhōng guójiā láishuō dōu shì yǒuyì de jǔcuò. Búguò, wǒ rènwéi, gèng yǒu bāngzhù de xíngdòng yīnggāi shì jǐyǔ tāmen píngděng de hé kuānsōng de fāzhǎn jīhuì.
It is beneficial to developing countries to provide interest-

Alternative relation 选择关系

free loans, donate free food and other necessities or to reduce and exempt debts gratuitously. But I believe it will be more helpful to give them equal and relaxed development opportunities.

练习 Exercises

一、用下列关联词语填空:

Fill in the blanks with the following expressions:

```
与其……不如……           宁愿……也不……
(是)……还是……          要么……要么……
或者(或是/或)……或者(或是/或)……
不是……便(就)是……      ……抑或……
```

1. 吉姆总是丢三落四的。每次出差,他_____丢了飞机票,_____忘了自己的行李箱。
   Jímǔ zǒngshì diū sān là sì de. Měi cì chū chāi, tā _____ diūle fēijīpiào, _____ wàngle zìjǐ de xínglixiāng.
   Jim is always forgetting things. He is either losing air ticket or forgetting his suitcase every time he is on business trip.

2. 刘董事长讲话非常有特点,每次给大家讲话,_____讲一两个钟头,_____只讲几句。
   Liú dǒngshìzhǎng jiǎng huà fēicháng yǒu tèdiǎn, měi cì gěi dàjiā jiǎng huà, _____ jiǎng yì liǎng ge zhōngtóu, _____ zhǐ jiǎng jǐ jù.

汉语常用关联词语学习手册 *Chinese Conjunctions Without Tears*

Chairman Liu speaks with a style. When he gives a speech, he either goes on for one or two hours or only says a few sentences.

3. _____费半天口舌让别人去做,_____自己亲自做更爽快些。

    _____ fèi bàntiān kǒushé ràng biérén qù zuò, _____ zìjǐ qīnzì zuò gèng shuǎngkuài xiē.

    Better do it in person than do a lot of talking to ask others to do it.

4. _____把孩子带到中国来读书,_____让他留在国内,杰克一时拿不定主意。

    _____ bǎ háizi dàidào Zhōngguó lái dú shū, _____ ràng tā liú zài guónèi, Jiékè yìshí ná bu dìng zhúyi.

    To take the kid to Chinese school or let him stay home, Jack can't make up his mind for the moment.

5. 装修房子是大事,我_____多花点儿钱,请个正规的有名的装修公司来做,_____会随便交给没有名气的小公司来做,尽管小公司可能便宜得多。

    Zhuāngxiū fángzi shì dà shì, wǒ _____ duō huādiǎnr qián, qǐng ge zhèngguī de yǒumíng de zhuāngxiū gōngsī lái zuò, _____ huì suíbiàn jiāogěi méiyǒu míngqì de xiǎo gōngsī lái zuò, jǐnguǎn xiǎo gōngsī kěnéng piányi de duō.

    Interior decoration is a big event. I would rather spend more money to get a regular and well-known company to do it than give the project to an unknown small company, although small companies might be a lot cheaper.

Alternative relation 选择关系

6. _____继续留在公司里和我们大家一起干，_____你另谋高就，我们不勉强你。

    _____ jìxù liú zài gōngsī li hé wǒmen dàjiā yìqǐ gàn,
    _____ nǐ lìng móu gāojiù, wǒmen bù miǎnqiǎng nǐ.

    You can remain in the company and work with us or find a better job. We will not force you.

二、把下面的短语或句子连成一段话：

Combine the following phrases or sentences into a paragraph:

1

- 我不愿意去听那个歌星的个人演唱会。
  Wǒ bú yuànyì qù tīng nà ge gēxīng de gèrén yǎnchàng huì.
  I am not willing to go to the singer's solo concert.

- 那个歌星的演唱风格太做作。
  Nà ge gēxīng de yǎnchàng fēnggé tài zuòzuò.
  The singer's acting is overdone.

- 我愿意待在家里看书。
  Wǒ yuànyì dāi zài jiā li kàn shū.
  I am willing to stay home reading.

2

- 我不愿意成天看别人打球。
  Wǒ bú yuànyì chéngtiān kàn biérén dǎ qiú.
  I am not willing to watch others play ball all the time.

- 我更愿意自己到球场上去打球。
  Wǒ gèng yuànyì zìjǐ dào qiúchǎng shang qù dǎ qiú.
  I would rather go to the court to play ball myself.

- 到球场上去打球可以结交新朋友,锻炼身体。
  Dào qiúchǎng shang qù dǎ qiú kěyǐ jiéjiāo xīn péngyou, duànliàn shēntǐ.
  Playing on the court makes it possible to make new friends and do physical training.

_____

_____

3

- 现在的演员有个性的很少。
  Xiànzài de yǎnyuán yǒu gèxìng de hěn shǎo.
  Nowadays few actors and actresses have personality.

- 他们不是靠演技。
  Tāmen bú shì kào yǎnjì.
  They don't rely on acting.

Alternative relation 选择关系

- 有的脸蛋儿长得漂亮。

  Yǒude liǎndànr zhǎngde piàoliang.

  Some have beautiful faces.

- 有的跟导演的关系好。

  Yǒude gēn dǎoyǎn de guānxi hǎo.

  Some have close relations with directors.

4

- 在政治高压的环境下，电影编剧们不敢写现实意义太强的作品。

  Zài zhèngzhì gāoyā de huánjìng xià, diànyǐng biānjùmen bù gǎn xiě xiànshí yìyì tài qiáng de zuòpǐn.

  Screenwriters dare not write scenarios too realistic under political pressure.

- 他们写历史题材的电影。

  Tāmen xiě lìshǐ tícái de diànyǐng.

  They write films about history.

- 他们写幻想题材的电影。

  Tāmen xiě huànxiǎng tícái de diànyǐng.

  They write films about fantasies.

- 他们认为离现实远点儿比较安全。

Tāmen rènwéi lí xiànshí yuǎndiǎnr bǐjiào ānquán.
They think it's safe to stay away from reality.

___

___

5

- 电视上好节目不多。
Diànshì shang hǎo jiémù bù duō.
There aren't many good performances on TV.

- 广告
guǎnggào
commercials

- 没有内容的晚会
méiyǒu nèiróng de wǎnhuì
parties with no substance

___

___

6

- 吉姆要回国了，我要送个礼物给他。
Jímǔ yào huí guó le, wǒ yào sòng ge lǐwù gěi tā.
Jim is going back home. I will give him a present.

Alternative relation 选择关系

- 买个有艺术品位的东西
  mǎi ge yǒu yìshù pǐnwèi de dōngxi
  buy something of artistic quality

- 买个有实用价值的东西
  mǎi ge yǒu shíyòng jiàzhí de dōngxi
  buy something practical

- 你给我提个建议。
  Nǐ gěi wǒ tí ge jiànyì.
  You give me some advice.

Conditional relation

定义：表示条件和结果的关系。一个分句提出条件，另一分句说出结果。

Definition: Used to indicate relations of conditions and results. The clause raises the conditions, and the other one tells the result.

试一试 Have a try

用所给的关联词语把下面的句子连成一段话：
Combine the following sentences into a paragraph with the given expression：

不论……都……

▶这本词典太老了。
Zhè běn cídiǎn tài lǎo le.
The dictionary is too old.

▶用过这本词典的人都说里面的许多词语过时了。
Yòngguo zhè běn cídiǎn de rén dōu shuō lǐmian de xǔduō

Conditional relation 条件关系

cíyǔ guò shí le.

All the people who have used the dictionary say that many of the expressions are out of date.

▶ 用过这本词典的人都说有些应该有的新词却没有收进去。
Yòngguo zhè běn cídiǎn de rén dōu shuō yǒuxiē yīnggāi yǒu de xīn cí què méiyǒu shōu jìnqù.

All the people who have used the dictionary say that it doesn't include some new words that should have been included.

常用关联词语 Common expressions

只要……就（便）……	zhǐyào…jiù（biàn）…	so long as...
只要……都……	zhǐyào…dōu…	as long as...
只有……才……	zhǐyǒu…cái…	only... alone...
除非……否则……	chúfēi…fǒuzé…	unless... otherwise...
……否则……	…fǒuzé…	...otherwise...
不管……都……	bùguǎn…dōu…	no matter..., regardless of...
不管……也……	bùguǎn…yě…	no matter..., regardless of...

Chinese Conjunctions Without Tears

不论……都……	búlùn…dōu…	no matter... , regardless of...
不论……也……	búlùn…yě…	no matter... , regardless of...
无论……都……	wúlùn…dōu…	no matter... , regardless of... , whatever... , whenever... , however...
无论……也……	wúlùn…yě…	no matter... , regardless of... , whatever... , whenever... , however...
任凭……都……	rènpíng…dōu…	no matter...
任凭……也……	rènpíng…yě…	no matter...

只要……就（便）……   zhǐyào…jiù（biàn）…

so long as...

例句 Examples：

(1) 自动洗衣机非常方便，只要你把衣服放进去，倒上洗衣粉，把开关一开，就可以不管了。
Zìdòng xǐyījī fēicháng fāngbiàn, zhǐyào nǐ bǎ yīfu fàng jinqu, dào shang xǐyīfěn, bǎ kāiguān yì kāi, jiù kěyǐ bù guǎn le.
Automatic washing machine is very convenient. So long as you put the laundry and detergent in, and turn on the switch, you can leave it alone.

Conditional relation 条件关系

(2) 老高是个有经验的老司机,他只要听一听汽车的声音,就知道到底出了什么问题。

Lǎo Gāo shì ge yǒu jīngyàn de lǎo sījī, tā zhǐyào tīngyitīng qìchē de shēngyīn, jiù zhīdao dàodǐ chūle shénme wèntí.

Lao Gao is an experienced old driver. He knows what the problem is as long as he hears the sound of the vehicle.

(3) 在这个俱乐部里,只要是会员,便都是平等的,没有VIP会员。

Zài zhè ge jùlèbù li, zhǐyào shì huìyuán, biàn dōu shì píngděng de, méiyǒu VIP huìyuán.

There are no VIP members in this club. Everybody is equal so long as they are members.

只要……都…… zhǐyào…dōu…

as long as...

例句 Examples:

(1) 只要人们有耐心,在潘家园旧货市场上慢慢地寻找,都能找到自己喜欢的,而且价格便宜的古玩。

Zhǐyào rénmen yǒu nàixīn, zài Pānjiāyuán jiùhuò shìchǎng shang mànmàn de xúnzhǎo, dōu néng zhǎodào zìjǐ xǐhuan de, érqiě jiàgé piányi de gǔwán.

So long as people have the patience to search slowly at Panjiayuan antique market, they will find inexpensive antiques they like.

(2) 开卷有益，只要你认真地读书，特别是读好书，都会有收获的。
Kāi juàn yǒu yì, zhǐyào nǐ rènzhēn de dú shū, tèbié shì dú hǎo shū, dōu huì yǒu shōuhuò de.
Reading enriches the mind. So long as you read conscientiously, good books in particular, you will benefit a lot.

(3) 这种考试不难，只要认真准备，都能通过的。
Zhè zhǒng kǎoshì bù nán, zhǐyào rènzhēn zhǔnbèi, dōu néng tōngguò de.
This kind of exam is not difficult. As long as everybody prepares conscientiously, they will all pass.

只有……才…… zhǐyǒu…cái…

only... alone...

例句 Examples:

(1) 只有到你自己也做了父母的时候，才能够理解父母的心情。
Zhǐyǒu dào nǐ zìjǐ yě zuòle fùmǔ de shíhou, cái nénggòu lǐjiě fùmǔ de xīnqíng.
You can understand your parents only when you yourself become a parent.

Conditional relation 条件关系

(2) 只有做好了充分准备的人，才能够很好地抓住机会。

Zhǐyǒu zuòhǎole chōngfèn zhǔnbèi de rén, cái nénggòu hěn hǎo de zhuāzhù jīhuì.

Only those who are fully prepared can better seize opportunities.

(3) 只有经过长时间地相处和观察，你才会较深地了解一个人。

Zhǐyǒu jīngguò cháng shíjiān de xiāngchǔ hé guānchá, nǐ cái huì jiào shēn de liǎojiě yí ge rén.

You will know a person better only after a long term getting together and observation.

除非……否则…… chúfēi…fǒuzé…

unless... otherwise...

例句 Examples：

(1) 除非你让孩子多和不同的人接触和交往，否则很难改变他孤僻的性格。

Chúfēi nǐ ràng háizi duō hé bù tóng de rén jiēchù hé jiāowǎng, fǒuzé hěn nán gǎibiàn tā gūpì de xìnggé.

It'll be very hard to change the odd and unsociable temperament of the kid unless you let him associate more with different people.

(2) 医生说，除非发生奇迹，否则他是再也不可能站起来了。
Yīshēng shuō, chúfēi fāshēng qíjì, fǒuzé tā shì zài yě bù kěnéng zhàn qilai le.
The doctor said he will no longer stand up unless there is a miracle.

(3) 春节期间火车票和飞机票都很紧张，除非你提前买好，否则你很难临时买到。
Chūn Jié qījiān huǒchēpiào hé fēijīpiào dōu hěn jǐnzhāng, chúfēi nǐ tíqián mǎihǎo, fǒuzé nǐ hěn nán línshí mǎidào.
Train and air tickets are in great demand during Spring Festival. You can hardly get them at the last minute unless you buy them in advance.

······否则······   ···fǒuzé···

... otherwise...

例句 Examples:

(1) 和人约会，最好提前几分钟到，否则别人会认为你没有礼貌。
Hé rén yuēhuì, zuìhǎo tíqián jǐ fēnzhōng dào, fǒuzé biérén huì rènwéi nǐ méiyǒu lǐmào.
You'd better get there a few minutes early for your appointment. Otherwise you will be regarded as impolite.

Conditional relation 条件关系

(2) 你最好亲自去送请柬，否则，周教授会觉得你不是诚心邀请他的。
Nǐ zuìhǎo qīnzì qù sòng qǐngjiǎn, fǒuzé, Zhōu jiàoshòu huì juéde nǐ bú shì chéngxīn yāoqǐng tā de.
You'd better send the invitation in person. Otherwise Professor Zhou will doubt your sincerity.

(3) 是海南特殊的风土人情吸引了我，否则，我不会远离家人来这里居住的。
Shì Hǎinán tèshū de fēngtǔ rénqíng xīyǐnle wǒ, fǒuzé, wǒ bú huì yuǎnlí jiārén lái zhèlǐ jūzhù de.
It's the unique local conditions and customs of Hainan that have attracted me. Otherwise I wouldn't have lived here far away from my family.

不管……都…… bùguǎn…dōu…

no matter... , regardless of...

例句 Examples：

(1) 过年过节去看看父母，不管你带不带东西，他们都会非常高兴的。
Guò nián guò jié qù kànkan fùmǔ, bùguǎn nǐ dài bu dài dōngxi, tāmen dōu huì fēicháng gāoxìng de.
Your parents will be very happy if you go to see them at festive seasons, whether you bring presents or not.

(2) 请注意：展览馆内不管任何地方、任何东西都不准拍照。

Qǐng zhùyì: zhǎnlǎnguǎn nèi bùguǎn rènhé dìfang、rènhé dōngxi dōu bù zhǔn pāizhào.

Your attention please: No photos in the exhibition hall no matter where and what.

(3) 这个理发师的手艺非常高超，不管是做什么样的发型，他都会让顾客满意。

Zhè ge lǐfàshī de shǒuyì fēicháng gāochāo, bùguǎn shì zuò shénme yàng de fàxíng, tā dōu huì ràng gùkè mǎnyì.

The hairdresser has superb skill. He will always satisfy his customers no matter what hairstyle they want.

不管……也……　bùguǎn…yě…

no matter... , regardless of...

例句 Examples:

(1) 这辈子不管怎么努力，我的英语也达到不了那样的水平。

Zhè bèizi bùguǎn zěnme nǔlì, wǒ de Yīngyǔ yě dádào bùliǎo nàyàng de shuǐpíng.

My English will not reach that level no matter how hard I try all my life.

Conditional relation 条件关系

(2) 不管老板提出什么样的条件挽留，高工程师也不想再留下来，他辞职已经铁了心了。
Bùguǎn lǎobǎn tíchū shénme yàng de tiáojiàn wǎnliú, Gāo gōngchéngshī yě bù xiǎng zài liú xialai, tā cízhí yǐjing tiěle xīn le.
Engineer Gao doesn't want to stay anymore no matter what conditions his boss has to keep him. He is adamant in his determination to quit.

(3) 大家说老赵是博物馆的活词典，不管你提到馆里的什么东西，他也能说出它的来历和特点。
Dàjiā shuō Lǎo Zhào shì bówùguǎn de huó cídiǎn, bùguǎn nǐ tídào guǎn li de shénme dōngxi, tā yě néng shuōchū tā de láilì hé tèdiǎn.
Everybody says Lao Zhao is a living dictionary in the museum. No matter what in the museum you mention, he will tell you its origin and features.

不论……都…… búlùn…dōu…

no matter..., regardless of...

例句 Examples：

(1) 杰克是乐器收藏家，不论是什么样的中国乐器，他都有。
Jiékè shì yuèqì shōucángjiā, búlùn shì shénme yàng de Zhōngguó yuèqì, tā dōu yǒu.

Jack is a musical instrument collector. He has all Chinese musical instruments regardless of the style.

(2) 杰克3岁的儿子吉米非常漂亮，一头金发，不论走在公园里还是大街上，人们都喜欢伸手摸一下。

Jiékè sān suì de érzi Jímǐ fēicháng piàoliang, yì tóu jīnfà, búlùn zǒu zài gōngyuán li háishi dàjiē shang, rénmen dōu xǐhuan shēn shǒu mō yíxià.

Jack's three-year-old son Jimmy is a very beautiful blond. People like to touch him no matter where he is, walking in the park or on the street.

(3) 高先生喜欢开会，也喜欢讲话。不论是什么会，他都喜欢上去讲话。

Gāo xiānsheng xǐhuan kāi huì, yě xǐhuan jiǎng huà. Búlùn shì shénme huì, tā dōu xǐhuan shàngqu jiǎng huà.

Mr. Gao likes meetings and speeches as well. He likes to give a speech on the podium no matter what meeting it is.

不论……也…… búlùn…yě…

no matter..., regardless of...

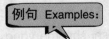
例句 Examples:

(1) 看晚报已经成了他一天中必须做的功课，不论

Conditional relation 条件关系

回家多么晚，他也要到报亭去买一份晚报。
Kàn wǎnbào yǐjing chéngle tā yì tiān zhōng bìxū zuò de gōngkè, búlùn huí jiā duōme wǎn, tā yě yào dào bàotíng qù mǎi yí fèn wǎnbào.
Reading evening paper has become a must of his daily life. He will go to the newspaper stand to buy an evening paper no matter how late he gets home.

(2) 王先生是典型的体育迷，不论电视台体育频道是什么节目，精彩不精彩，他也要津津有味地看到电视台说"再见"。
Wáng xiānsheng shì diǎnxíng de tǐyùmí, búlùn diànshìtái tǐyù píndào shì shénme jiémù, jīngcǎi bù jīngcǎi, tā yě yào jīnjīn yǒu wèi de kàndào diànshìtái shuō "zàijiàn".
Mr. Wang is a typical sports fan. He will watch the TV sports channel 'with keen interest' until the 'Bye-bye' time of the channel, no matter what programme is on and whether it is excellent.

(3) 在美国的川菜馆，不论怎么做，也做不出四川本地餐馆的味道。
Zài Měiguó de chuāncàiguǎn, búlùn zěnme zuò, yě zuò bu chū Sìchuān běndì cānguǎn de wèidao.
No matter how hard they try, Sichuan restaurants in America are unable to cook genuine Sichuan food as local Sichuan

restaurants.

无论……都…… wúlùn…dōu…

no matter... , regardless of... , whatever... , whenever... , however...

例句 Examples:

(1) 他常光顾这家酒吧，酒吧里无论男女老少，都认识他。

Tā cháng guānggù zhè jiā jiǔbā. Jiǔbā li wúlùn nán nǚ lǎo shào, dōu rènshi tā.

He is a frequent visitor of the bar. Everybody in the bar regardless of sex and age knows him.

(2) 这家餐馆里无论什么菜，都是一个味道。

Zhè jiā cānguǎn li wúlùn shénme cài, dōu shì yí ge wèidao.

Whatever dish in the restaurant all tastes the same.

(3) 那一阵流行卡拉OK，无论什么人在这儿吃饭，都喜欢一边吃饭一边唱歌。

Nà yí zhèn liúxíng kǎlā OK, wúlùn shénme rén zài zhèir chī fàn, dōu xǐhuan yìbiān chī fàn yìbiān chàng gē.

Karaoke was popular at that time. Whoever eating here liked to eat while singing.

Conditional relation 条件关系

无论……也…… wúlùn…yě…

no matter..., regardless of..., whatever..., whenever..., however...

例句 Examples:

(1) 早餐喝一杯咖啡已经是他多年的习惯,无论早餐吃什么,他也要喝一杯意大利的卡布其诺。
Zǎocān hē yì bēi kāfēi yǐjing shì tā duō nián de xíguàn, wúlùn zǎocān chī shénme, tā yě yào hē yì bēi Yìdàlì de kǎbùqínuò.
A cup of coffee at breakfast has been his habit for years. No matter what he has for breakfast, he will always have a cuppucino.

(2) 张经理是个非常重视家庭的人,无论生意多么忙,在周末或者节假日的时候,他也要抽出时间带孩子去公园玩儿。
Zhāng jīnglǐ shì ge fēicháng zhòngshì jiātíng de rén, wúlùn shēngyì duōme máng, zài zhōumò huòzhě jiéjiàrì de shíhou, tā yě yào chōuchū shíjiān dài háizi qù gōngyuán wánr.
Manager Zhang attaches great importance to his family. No matter how busy his business is, he will always take some time to take his children to the park on weekends or holidays.

(3) 做生意首先要给人讲信用的印象,不然的话,你无论怎么做广告,顾客也不会买你的东西。

Zuò shēngyì shǒuxiān yào gěi rén jiǎng xìnyòng de yìnxiàng, bùrán dehuà, nǐ wúlùn zěnme zuò guǎnggào, gùkè yě bú huì mǎi nǐ de dōngxi.

It's very important to impress people with credibility when doing business. Otherwise customers won't buy your things no matter how many advertisements you do.

任凭……都…… rènpíng…dōu…

no matter...

例句 Examples:

(1) 任凭局势怎么变化,他都坚信一条:中美关系一定会朝着有利于两国人民根本利益的方向发展。

Rènpíng júshì zěnme biànhuà, tā dōu jiānxìn yì tiáo: Zhōng Měi guānxi yídìng huì cháozhe yǒulìyú liǎng guó rénmín gēnběn lìyì de fāngxiàng fāzhǎn.

No matter how the situations change, he firmly believes this point: Sino-US relations will surely develop in the fundamental interests of the two peoples.

(2) 那件事发生以后,任凭他怎么解释,大家都不相信他了。

Nà jiàn shì fāshēng yǐhòu, rènpíng tā zěnme jiěshì,

Conditional relation 条件关系

dàjiā dōu bù xiāngxìn tā le.
Nobody ever trusted him after that event, no matter how hard he tried to explain.

(3) 李先生就是这么固执,任凭别人怎么劝说,他都不改变自己的主意。
Lǐ xiānsheng jiù shì zhème gùzhí, rènpíng biérén zěnme quànshuō, tā dōu bù gǎibiàn zìjǐ de zhúyi.
Mr. Li is stubborn as this. He will not change his mind no matter how hard the others persuade him.

任凭……也…… rènpíng…yě…

no matter...

例句 Examples:

(1) 刘先生是个球迷,如果有球赛,任凭多么远,天气多么不好,他也要亲自去现场看球。
Liú xiānsheng shì ge qiúmí, rúguǒ yǒu qiúsài, rènpíng duōme yuǎn, tiānqì duōme bù hǎo, tā yě yào qīnzì qù xiànchǎng kàn qiú.
Mr. Liu is a ball fan. If there is any match, he will go to the site to watch in person, no matter how far it is and how bad the weather is.

(2) 任凭工作多忙,他也要坚持学习汉语。
Rènpíng gōngzuò duō máng, tā yě yào jiānchí xuéxí

Hànyǔ.

He will keep on learning Chinese no matter how busy he is.

(3) 任凭天气怎么变化，他也坚持早晨跑步的习惯。
Rènpíng tiānqì zěnme biànhuà, tā yě jiānchí zǎochen pǎo bù de xíguàn.

He keeps up the habit of morning jogging no matter how the weather changes.

练习 Exercises

一、用下列关联词语填空：

Fill in the blanks with the following expressions：

只要……就(便)……	只要……都……	只有……才……
除非……否则……	……否则……	不管……都……
不管……也……	不论……都……	不论……也……
无论……都……	无论……也……	任凭……都……
任凭……也……		

1. 吉姆认为那些商店里的古玩都是假货，_____拍卖会上拍卖的古玩_____是真东西。

   Jímǔ rènwéi nàxiē shāngdiàn li de gǔwán dōu shì jiǎ huò, _____ pāimàihuì shang pāimài de gǔwán _____ shì zhēn dōngxi.

   Jim thinks that all the antiques in those shops are fakes. Only the

Conditional relation 条件关系

antiques at the auctions are real things.

2. 公司有自己的财务规定，一定要按照规定办事，_____，有些事情会说不清的。
Gōngsī yǒu zìjǐ de cáiwù guīdìng, yídìng yào ànzhào guīdìng bàn shì, _____, yǒuxiē shìqing huì shuō bu qīng de.
Company has its own financial rules that must be followed. Otherwise some matters will be hard to explain clearly.

3. 买东西不能只看包装，_____包装多么漂亮，_____不能说明东西的质量好。
Mǎi dōngxi bù néng zhǐ kàn bāozhuāng, _____ bāozhuāng duōme piàoliang, _____ bù néng shuōmíng dōngxi de zhìliàng hǎo.
Packing isn't the only thing that counts when doing shopping. Packing, no matter how beautiful it is, can't guarantee the quality.

4. _____跟老王一起吃饭，他_____总是抢着付账。
_____ gēn Lǎo Wáng yìqǐ chī fàn, tā _____ zǒngshì qiāngzhe fù zhàng.
So long as you eat out with Lao Wang, he always vies in paying the bill.

5. _____身体不是什么大的问题，他_____不愿意吃药。
_____ shēntǐ bú shì shíme dà de wèntí, tā _____ bú yuànyì chī yào.
So long as he is not seriously ill, he isn't willing to take medicine.

6. _____你怎么努力,_____不可能在一个星期之内看完这么多的资料。

_____ nǐ zěnme nǔlì, _____ bù kěnéng zài yí ge xīngqī zhīnèi kànwán zhème duō de zīliào.

No matter how hard you try, it's impossible to read so many documents within a week.

7. _____出现奇迹,_____不可能扭转目前公司的被动局面。

_____ chūxiàn qíjì, _____ bù kěnéng niǔzhuǎn mùqián gōngsī de bèidòng júmiàn.

It's impossible to reverse the passive situation which the company is in at present, unless there is a miracle.

8. _____是谁,只要他为公司提出了好的建议,_____应该给予奖励。

_____ shì shuí, zhǐyào tā wèi gōngsī tíchūle hǎo de jiànyì, _____ yīnggāi jǐyǔ jiǎnglì.

Whoever is should be rewarded so long as he gives good suggestions for the company.

9. 在这里工作和生活的几年将令我终生难忘。我想今后_____我走到哪里,_____不会忘记在这里度过的日子。

Zài zhèli gōngzuò hé shēnghuó de jǐ nián jiāng lìng wǒ zhōngshēng nánwàng. Wǒ xiǎng jīnhòu _____ wǒ zǒudào nǎli, _____ bú huì wàngjì zài zhèli dùguò de rìzi.

The few years when I worked and lived here will be unforgettable all my life. I think no matter where I go, I won't forget the days I spent here.

10. _____白猫黑猫，能抓住耗子，_____是好猫。
_____ bái māo hēi māo, néng zhuāzhù hàozi, _____ shì hǎo māo.

A cat that can catch mice is a good cat, whether she is black or white.

二、把下面的句子连成一段话：
Combine the following sentences into a paragraph:

- 生病以后，父亲的脾气变得非常暴躁。
  Shēng bìng yǐhòu, fùqin de píqi biàn de fēicháng bàozào.
  Father became very hot-tempered after he got sick.

- 小的事情让父亲不高兴。
  Xiǎo de shìqing ràng fùqin bù gāoxīng.
  Trivia made father unhappy.

- 父亲为小的事情大发脾气。
  Fùqin wèi xiǎo de shìqing dà fā píqi.
  Father lost his temper over trivia.

_____

_____

2

- 用过这种产品的人说它非常好。

  Yòngguo zhè zhǒng chǎnpǐn de rén shuō tā fēicháng hǎo.

  Those who tried this product say it's very good.

- 这种新产品质量很好,非常受欢迎。

  Zhè zhǒng xīn chǎnpǐn zhìliàng hěn hǎo, fēicháng shòu huānyíng.

  The new product is very popular because of its good quality.

3

- 跟人讲怎么做人的道理用处不大。

  Gēn rén jiǎng zěnme zuò rén de dàoli yòngchu bú dà.

  It's of little use to tell others how to conduct oneself in society.

- 做人的道理需要自己亲身经历。

  Zuò rén de dàoli xūyào zìjǐ qīnshēn jīnglì.

  One has to experience in person how to conduct oneself in society.

Conditional relation 条件关系

4

- 不勤奋，不努力地工作，不可能成功。
  Bù qínfèn, bù nǔlì de gōngzuò, bù kěnéng chénggōng.
  It's impossible to succeed without working hard.

- 走向成功没有什么捷径。
  Zǒuxiàng chénggōng méiyǒu shénme jiéjìng.
  There are no shortcuts to success.

5

- 李记者走南闯北，认识很多的人。
  Lǐ jìzhě zǒu nán chuǎng běi, rènshi hěn duō de rén.
  Reporter Mr. Li has traveled widely and known many people.

- 李记者认识各个行业的人。
  Lǐ jìzhě rènshi gègè hángyè de rén.
  Reporter Mr. Li knows people of all fields.

汉语常用关联词语学习手册 *Chinese Conjunctions Without Tears*

6

- 参加拍卖会之前，领导给我们布置了任务。
  Cānjiā pāimàihuì zhīqián, lǐngdǎo gěi wǒmen bùzhì le rènwu.
  Leader briefed us on the assignment before the auction.

- 领导要求一定要买到那幅画。
  Lǐngdǎo yāoqiú yídìng yào mǎidào nà fú huà.
  Leader demanded that we must get that painting.

- 领导说为了那幅画，可以花任何价钱。
  Lǐngdǎo shuō wèile nà fú huà, kěyǐ huā rènhé jiàqian.
  Leader said we may pay whatever price for that painting.

7

- 老张20多年来一直做清洁工的工作。
  Lǎo Zhāng èrshí duō nián lái yìzhí zuò qīngjiégōng de gōngzuò.
  Lao Zhang has been doing a cleaner's job for over 20 years.

- 有些人瞧不起清洁工的工作。
  Yǒuxiē rén qiáobuqǐ qīngjiégōng de gōngzuò.
  Some people look down upon cleaners' job.

Conditional relation 条件关系

- 老张认为清洁工的工作很重要。
Lǎo Zhāng rènwéi qīngjiégōng de gōngzuò hěn zhòngyào.
Lao Zhang thinks that cleaners' job is very important.

Adversative relation

定义：后一个分句不是顺着前一个分句的意思说下去，而是说出与前一个分句正相矛盾甚至相对立的意思。

Definition：The latter clause doesn't follow the meaning of the previous one, but tells the contradictory or even opposite meaning.

试一试 Have a try

用所给的关联词语把下面的句子连成一段话：
Combine the following sentences into a paragraph with the given expression：

尽管……但（是）……

▶王小姐学习非常努力。
Wáng xiǎojie xuéxí fēicháng nǔlì.
Miss Wang studies very hard.

▶在外企做会计工作需要外语很好。
Zài wàiqǐ zuò kuàiji gōngzuò xūyào wàiyǔ hěn hǎo.

Adversative relation 转折关系

Accounting job in foreign enterprises requires very fluent foreign language.

▶ 学习外语不是短时间就能见到效果的。
Xuéxí wàiyǔ bú shì duǎn shíjiān jiù néng jiàndào xiàoguǒ de.
Learning a foreign language can't produce the desired quick result in a short term.

▶ 王小姐的工作没有什么改进。
Wáng xiǎojie de gōngzuò méiyǒu shénme gǎijìn.
Miss Wang's work has not improved greatly.

常用关联词语 Common expressions

但（是）……	dàn (shì)…	but…
可是……	kěshǐ…	but…, yet…, however…
而……	ér…	but…
而……又……	ér…yòu…	but…
然而……	rán'ér…	yet…, but…, however…, nonetheless…
却……	què…	yet…
倒……	dào…	but…
不然（的话）……	bùrán (dehuà)…	otherwise…, if not…

141

虽然……但（是）……　　suīrán … dàn（shì）…
though... but...
尽管……但（是）……　　jǐnguǎn … dàn（shì）… e-
ven though..., in spite of..., despite...
固然……但（是）……　　gùrán … dàn（shì）… no
doubt..., it's true... but...

但（是）…… dàn（shì）…
but...

例句 Examples：

(1) 他长得很胖，但很灵活。
　　Tā zhǎng de hěn pàng, dàn hěn línghuó.
　　He is quite plump but very agile.

(2) 住在郊区，空气非常清新，环境也漂亮些，但是每天上班得在路上跑一两个小时。
　　Zhù zài jiāoqū, kōngqì fēicháng qīngxīn, huánjìng yě piàoliang xiē, dànshì měi tiān shàng bān děi zài lù shang pǎo yì liǎng ge xiǎoshí.
　　There is fresh air and beautiful environment in the suburbs. But it requires one or two hours on the way to work everyday.

(3) 自己开公司当老板，时间可以自己支配，不用朝九晚五，但是压力更大了。

***Adversative relation* 转折关系**

Zìjǐ kāi gōngsī dāng lǎobǎn, shíjiān kěyǐ zìjǐ zhīpèi, búyòng zhāo jiǔ wǎn wǔ, dànshì yālì gèng dà le.

If one runs a company of his own, he can arrange his own time and doesn't have to go to work at 9 in the morning and get off at 5 in the afternoon. But he will have to endure bigger pressure.

可是……   kěshì…

but... , yet... , however...

例句 Examples:

(1) 500块对有钱人来说是小钱，可是对于月工资只有300多元的普通工人来说，就是一大笔开支了。
Wǔ bǎi kuài duì yǒuqiánrén láishuō shì xiǎo qián, kěshì duìyú yuègōngzī zhǐyǒu sān bǎi duō yuán de pǔtōng gōngrén láishuō, jiù shì yí dà bǐ kāizhī le.
500 yuan is nothing for the rich. But it's a big spending for an ordinary worker with a monthly salary of only about 300 yuan.

(2) 平时觉得时间过得很慢，可是到了毕业的时候，马上就要分别了，大家都觉得时间过得那么快。
Píngshí juéde shíjiān guò de hěn màn, kěshì dàole bì yè de shíhou, mǎshàng jiù yào fēnbié le, dàjiā dōu juéde shíjiān guò de nàme kuài.
Usually time passes slowly. But at graduation time when

everybody is saying good-bye, they all feel that time flies.

(3) 这种事情说起来容易，可是真干起来，就不是那么容易了。
Zhè zhǒng shìqing shuō qilai róngyì, kěshì zhēn gàn qilai, jiù bú shì nàme róngyì le.
It's easier said than done. But if you really start to do it, it's not that easy.

而……ér…
but...

例句 Examples:

(1) 有了固定的工作希望更加自由，而没有固定工作的"自由人"希望有一个稳定的工作。
Yǒule gùdìng de gōngzuò xīwàng gèngjiā zìyóu, ér méiyǒu gùdìng gōngzuò de "zìyóurén" xīwàng yǒu yí ge wěndìng de gōngzuò.
People with a regular job wish for more freedom. But those 'free people' without a regular job wish for a steady job.

(2) 哥哥好动，热爱各种体育活动；而弟弟爱静，什么活动都不参加。
Gēge hào dòng, rè'ài gè zhǒng tǐyù huódòng; ér dìdi ài jìng, shénme huódòng dōu bù cānjiā.
Older brother is restless and loves various sports. Whereas

Adversative relation 转折关系

younger brother prefers quietness and doesn't go for any sports.

(3) 现在买东西出现了两难：品牌产品很贵，买不起；而不是品牌的产品价钱很便宜，但质量没有保证。
Xiànzài mǎi dōngxi chūxiànle liǎng nán: pǐnpái chǎnpǐn hěn guì, mǎi bu qǐ; ér bú shì pǐnpái de chǎnpǐn jiàqian hěn piányi, dàn zhìliàng méiyǒu bǎozhèng.
There is a dilemma for shopping now. Brand products are too expensive to afford. Whereas non-brand products lack quality guarantee though they are cheap.

而……又…… ér…yòu…

but...

例句 Examples：

(1) 农村人喜欢大城市的热闹，而城里人又羡慕乡下生活的安静。
Nóngcūn rén xǐhuan dà chéngshì de rènao, ér chénglǐ rén yòu xiànmù xiāngxià shēnghuó de ānjìng.
Village people like bustling activities in the cities. Yet city people envy the quietness of country life.

(2) 钱钟书《围城》的意思是说：人生万事如围城，城里的人想出来，而城外的人又想进去，爱情是这样，其他事情也是这样。

145

Qián Zhōngshū 《Wéichéng》 de yìsi shì shuō: rénshēng wàn shì rú wéichéng, chénglǐ de rén xiǎng chūlai, ér chéngwài de rén yòu xiǎng jìnqu, àiqíng shì zhèyàng, qítā shìqing yě shì zhèyàng.

By Fortress Besieged, Qian Zhongshu tried to say that, life is like a fortress besieged. People inside the fortress want to get out. Yet people outside want to get in. Love is like this, and so are other things.

(3) 在北方生活了几年以后，方先生非常为难：他受不了北京气候的干燥，而再回到南方，他又受不了南方的潮湿。

Zài Běifāng shēnghuóle jǐ nián yǐhòu, Fāng xiānsheng fēicháng wéinán: tā shòu bu liǎo Běijīng qìhòu de gānzào, ér zài huídào Nánfāng, tā yòu shòu bu liǎo Nánfāng de cháoshī.

After living in the north for a few years, Mr. Fang is really in a dilemma. He can't bear the dry weather in Beijing. Yet when he goes back to the south, neither can he bear the humidity there.

然而…… rán'ér…

yet..., but..., however..., nonetheless...

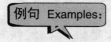 例句 Examples:

(1) 张先生说他是为大多数人着想，然而大多数人

Adversative relation 转折关系

并不这样看。

Zhāng xiānsheng shuō tā shì wèi dàduōshù rén zhuóxiǎng, rán'ér dàduōshù rén bìng bú zhèyàng kàn.

Mr. Zhang argues that he has the majority's interests at heart. But the majority of people don't think so.

(2) 我们几乎把每一个细节都考虑到了，以为万无一失，然而事情开始后，我们发现，要做的事情还很多很多。

Wǒmen jīhū bǎ měi yí ge xìjié dōu kǎolǜ dào le, yǐwéi wàn wú yì shī, rán'ér shìqing kāishǐ hòu, wǒmen fāxiàn, yào zuò de shìqing hái hěn duō hěn duō.

Taking almost every detail into consideration, we thought we had every chance of success. But after it began, we found out that there were still quite a lot to do.

(3) 因为跟老板的关系不好，他换了工作。然而他发现，新老板还不如过去的老板。

Yīnwèi gēn lǎobǎn de guānxi bù hǎo, tā huànle gōngzuò. Rán'ér tā fāxiàn, xīn lǎobǎn hái bùrú guòqù de lǎobǎn.

He changed job because he couldn't get along well with his boss. But he found out that his new boss is even worse than the old one.

却…… què…

yet...

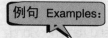 Examples:

(1) 父母为孩子们的学习和生活准备了太好的条件，却不知道这样对孩子们的成长并没有好处。
Fùmǔ wèi háizimen de xuéxí hé shēnghuó zhǔnbèile tài hǎo de tiáojiàn, què bù zhīdào zhèyàng duì háizimen de chéngzhǎng bìng méiyǒu hǎochu.
Parents prepare extremely good conditions for children's study and life. Yet they don't know that it's not in the interest of children's development.

(2) 这两个双胞胎兄弟长相一模一样，性格却完全相反。
Zhè liǎng ge shuāngbāotāi xiōngdì zhǎngxiàng yì mú yí yàng, xìnggé què wánquán xiāngfǎn.
The twin brothers look exactly the same, but they have completely opposite characters.

(3) 说的人眉飞色舞，听的人却无动于衷。
Shuō de rén méi fēi sè wǔ, tīng de rén què wú dòng yú zhōng.
The speaker is beaming with joy, but the listener remains indifferent.

倒…… dào…

but...

Adversative relation 转折关系

> 例句 Examples:

(1) 别的人都非常着急，他倒像没事儿一样。
Bié de rén dōu fēicháng zháo jí, tā dào xiàng méi shìr yíyàng.
All the others are very anxious. But he looks as if nothing has happened.

(2) 我们的话他一句也听不进去，外人的话他倒都当成了圣经。
Wǒmen de huà tā yí jù yě tīng bu jìnqù, wàirén de huà tā dào dōu dàngchéngle shèngjīng.
He turns a deaf ear to whatever we say. But he takes the words from strangers as Bible.

(3) 学校要求同学们把每分每秒都用在学习上，我倒认为适当地玩儿一玩儿对学习更有好处。
Xuéxiào yāoqiú tóngxuémen bǎ měi fēn měi miǎo dōu yòng zài xuéxí shang, wǒ dào rènwéi shìdàng de wánr yi wánr duì xuéxí gèng yǒu hǎochu.
School demands that students spend every second on study. But I think it will benefit their study more to play from time to time.

不然（的话）…… bùrán (dehuà) …

otherwise... , if not...

> 例句 Examples:

(1) 跟一个文化不同的国家做生意，应该了解和尊重这个国家的风俗习惯，不然的话，会出现可怕的误会。

Gēn yí ge wénhuà bù tóng de guójiā zuò shēngyì, yīnggāi liǎojiě hé zūnzhòng zhè ge guójiā de fēngsú xíguàn, bùrán dehuà, huì chūxiàn kěpà de wùhuì.

If you do business with a country of different culture, you should know and respect its local conditions and customs. Otherwise, there will be terrible misunderstanding.

(2) 要办一个公司，得做好充分的前期规划和准备，不然会非常危险。

Yào bàn yí ge gōngsī, děi zuòhǎo chōngfèn de qiánqī guīhuà hé zhǔnbèi, bùrán huì fēicháng wēixiǎn.

Running a company requires full pre-planning and preparations. Otherwise it will be very dangerous.

(3) 一个项目要有很好的可行性研究，不然会有浪费资金的危险。

Yí ge xiàngmù yào yǒu hěn hǎo de kěxíngxìng yánjiū, bùrán huì yǒu làngfèi zījīn de wēixiǎn.

A project needs a good feasibility study. Otherwise it will risk a waste of funds.

Adversative relation 转折关系

虽然……但(是)…… suīrán…dàn(shì)…
though… but…

> 例句 Examples：

(1) 虽然科学家们做出了很大努力，但还没有找到对这种现象的最好的解释。
Suīrán kēxuéjiāmen zuòchūle hěn dà nǔlì, dàn hái méiyǒu zhǎodào duì zhè zhǒng xiànxiàng de zuì hǎo de jiěshì.
Though scientists have tried very hard, they still couldn't find the best explanation for this phenomenon.

(2) 大家都喜欢这个工作，虽然非常辛苦，但是没有人有怨言。
Dàjiā dōu xǐhuan zhè ge gōngzuò, suīrán fēicháng xīnkǔ, dànshì méiyǒu rén yǒu yuànyán.
Everybody likes the job. Though it's a tough job, nobody complains about it.

(3) 虽然失败本身不是好事情，但是我们能够从失败中学到很多有益的东西。
Suīrán shībài běnshēn bú shì hǎo shìqing, dànshì wǒmen nénggòu cóng shībài zhōng xuédào hěn duō yǒuyì de dōngxi.
Failure itself isn't anything good, but we can learn lots of useful things from it.

尽管……但（是）…… jǐnguǎn…dàn (shì)…

even though..., in spite of..., despite...

例句 Examples:

(1) 尽管他的先天条件不如别人，但通过努力，他已经成为同行中的佼佼者。

Jǐnguǎn tā de xiāntiān tiáojiàn bùrú biérén, dàn tōngguò nǔlì, tā yǐjing chéngwéi tóngháng zhōng de jiǎojiǎozhě.

Even though his innate conditions are not as good as others, he has already become somebody outstanding among his peers thanks to his efforts.

(2) 来中国工作尽管条件艰苦点儿，但是是值得的。

Lái Zhōngguó gōngzuò jǐnguǎn tiáojiàn jiānkǔ diǎnr, dànshì shì zhíde de.

Even though the working conditions are tough in China, it is worthwhile to work here.

(3) 提高大家的信心尽管不是解决问题的最终办法，但是是目前必须做的第一步工作。

Tígāo dàjiā de xìnxīn jǐnguǎn bú shì jiějué wèntí de zuì zhōng bànfǎ, dànshì shì mùqián bìxū zuò de dì yī bù gōngzuò.

Even if boosting everybody's confidence is not the final solution to the problem, it is the first thing that should be done for the moment.

Adversative relation 转折关系

固然……但(是)…… gùrán…dàn(shì)…

no doubt..., it's true... but...

例句 Examples:

(1) 钱固然不是生活的全部，但生活不能缺钱。
Qián gùrán bú shì shēnghuó de quánbù, dàn shēnghuó bù néng quē qián.
No doubt money is not everything in life, but it is indispensable in life.

(2) 成为歌唱家，嗓音条件固然非常重要，但是科学的练习也是必不可少的条件。
Chéngwéi gēchàngjiā, sǎngyīn tiáojiàn gùrán fēicháng zhòngyào, dànshì kēxué de liànxí yě shì bì bù kě shǎo de tiáojiàn.
It's true that a good voice is an important condition to be a singer, but scientific practice is also a necessary condition.

(3) 产品的质量固然是第一重要的东西，但是好的营销也是必需的。
Chǎnpǐn de zhìliàng gùrán shì dì yī zhòngyào de dōngxi, dànshì hǎo de yíngxiāo yě shì bìxū de.
It's true that product quality is the most important factor, but good marketing is also necessary.

练习 Exercises

一、用下列关联词语填空：

Fill in the blanks with the following expressions：

> 但（是）……　可是……　而……　而……又……
> 然而……　却……　倒……　不然（的话）……
> 虽然……但（是）……　尽管……但（是）……
> 固然……但（是）……

1. 出现了问题要及时解决，_____小问题会变成大问题，大问题会变成解决不了的问题。

   Chūxiànle wèntí yào jíshí jiějué, _____ xiǎo wèntí huì biànchéng dà wèntí, dà wèntí huì biànchéng jiějué bùliǎo de wèntí.

   Problems should be dealt with in time. Otherwise small problems will turn into big ones and big ones into unsolvable ones.

2. _____我不懂你的生意，_____我听出了你们的问题不是产品质量问题，而是服务问题。

   _____ wǒ bù dǒng nǐ de shēngyì, _____ wǒ tīngchūle nǐmen de wèntí bú shì chǎnpǐn zhìliàng wèntí, érshì fúwù wèntí.

   I don't know anything about your business, but it seems to me that your problem is not product quality but service.

3. 困难会让一个人受到打击，_____困难也可以锻炼人，教

Adversative relation 转折关系

会人很多东西。
Kùnnan huì ràng yí ge rén shòudào dǎjī, _____ kùnnan yě kěyǐ duànliàn rén, jiāohuì rén hěn duō dōngxi.
Hardships will be a heavy blow to people. Yet they can also temper people's will and teach people a lot.

4. 天时和地利_____是成功的条件，_____人和是更为重要的条件。
Tiānshí hé dìlì _____ shì chénggōng de tiáojiàn, _____ rénhé shì gèng wéi zhòngyào de tiáojiàn.
It's true that favorable timing and geographical conditions are prerequisites of success, but what's more important is popular support.

5. 海归派碰到的问题是：高职位的工作找不到，_____地位低的工作_____不愿意去做。
Hǎiguīpài pèngdào de wèntí shì: gāo zhíwèi de gōngzuò zhǎo bu dào, _____ dìwèi dī de gōngzuò _____ bú yuànyì qù zuò.
Those who returned from overseas face a problem in job-hunting. high positions are hard to come by, yet they are not willing to do low-ranking jobs.

6. 高先生越来越胖了，别人都劝他减肥，他自己_____不觉得胖点儿有什么不好。
Gāo xiānsheng yuèláiyuè pàng le, biérén dōu quàn tā jiǎn féi, tā zìjǐ _____ bù juéde pàng diǎnr yǒu shénme bù

155

hǎo.

Mr. Gao is getting fatter. All the others are persuading him to lose some weight, but he himself doesn't think that there is anything wrong about being fat.

7. 刘先生是个老实人，碰到矛盾躲着走，_____矛盾却不躲他，总是主动找上门来。

Liú xiānsheng shì ge lǎoshirén, pèngdào máodùn duǒzhe zǒu, _____ máodùn què bù duǒ tā, zǒngshì zhǔdòng zhǎo shang mén lai.

Mr. Liu is an honest man. He always tries to avoid problems, but problems never try to avoid him. They always come uninvited.

8. 来北京旅游的人第一个要去的地方就是长城，我在北京生活了十多年，_____还没有去过长城呢。

Lái Běijīng lǚyóu de rén dì yī ge yào qù de dìfang jiù shì Chángchéng. Wǒ zài Běijīng shēnghuóle shí duō nián, _____ hái méiyǒu qùguo Chángchéng ne.

Tourists in Beijing will first go to the Great Wall. I have lived in Beijing for over 10 years, yet I have never been to the Great Wall.

二、把下面的句子连成一段话：

Combine the following sentences into a paragraph:

- 没有汽车的人做梦都想有一辆自己的汽车。

Adversative relation 转折关系

Méiyǒu qìchē de rén zuò mèng dōu xiǎng yǒu yí liàng zìjǐ de qìchē.

Those without a car dream of having their own cars.

- 买汽车的人越来越多。

  Mǎi qìchē de rén yuèláiyuè duō.

  More and more people are buying cars.

- 买了汽车的人抱怨花钱太多,还抱怨路上堵车问题严重。

  Mǎile qìchē de rén bàoyuàn huā qián tài duō, hái bàoyuàn lù shang dǔ chē wèntí yánzhòng.

  Those with a car complain of spending too much money and too much traffic on the road.

2

- 出了国的人发现现实和理想有很大的差距。

  Chūle guó de rén fāxiàn xiànshí hé lǐxiǎng yǒu hěn dà de chājù.

  Those who have gone abroad find out that there is a big gap between reality and ideal.

- 没有出国的人希望马上出国过上"幸福"的生活。

  Méiyǒu chū guó de rén xīwàng mǎshàng chū guó guò

shang "xìngfú" de shēnghuó.

Those who haven't gone abroad hope to go abroad immediately for a 'happy' life.

3

- 在郊区开车需要非常谨慎。
  Zài jiāoqū kāi chē xūyào fēicháng jǐnshèn.
  Driving in suburbs requires great caution.

- 在郊区，很多人开车不遵守交通规则。
  Zài jiāoqū, hěn duō rén kāi chē bù zūnshǒu jiāotōng guīzé.
  Many drivers in suburbs don't follow traffic rules.

- 在郊区开车很容易出事。
  Zài jiāoqū kāi chē hěn róngyì chū shì.
  Driving in suburbs are accident-prone.

- 吴太太说她不敢在郊区开车。
  Wú tàitai shuō tā bù gǎn zài jiāoqū kāi chē.
  Mrs. Wu says she doesn't have the nerve to drive in suburbs.

Adversative relation 转折关系

4

- 小刘篮球打得非常好。

  Xiǎo Liú lánqiú dǎ de fēicháng hǎo.

  Xiao Liu plays basketball very well.

- 小刘很灵活。

  Xiǎo Liú hěn línghuó.

  Xiao Liu is very agile.

- 小刘个子不高。

  Xiǎo Liú gèzi bù gāo.

  Xiao Liu is not tall.

5

- 这家小商店的生意很火。

  Zhè jiā xiǎo shāngdiàn de shēngyì hěn huǒ.

  Business in the small shop is very good.

- 这家小商店开张很晚。

  Zhè jiā xiǎo shāngdiàn kāizhāng hěn wǎn.

  The small shop opened only a short while ago.

- 这家小商店服务非常好。

Zhè jiā xiǎo shāngdiàn fúwù fēicháng hǎo.
The small shop offers very good service.

6

- 学历在一定程度上说明一个人的知识和能力。

  Xuélì zài yídìng chéngdù shang shuōmíng yí ge rén de zhīshi hé nénglì.

  Academic credentials show a person's knowledge and capability to some extent.

- 我们不能片面强调学历。

  Wǒmen bù néng piànmiàn qiángdiào xuélì.

  We can't place too much emphasis on academic credentials.

- 考察一个人要看他实际的工作能力。

  Kǎochá yí ge rén yào kàn tā shíjì de gōngzuò nénglì.

  To test a person, we need to look at his real working capability.

Relation of opposition

定义：一句话或一段话分为两个部分，且两个部分正反对举，语义相反。

Definition: A sentence or a paragraph is divided into two parts that form an antithesis with opposite semantic meaning.

试一试 Have a try

用所给的关联词语把下面的句子连成一段话：
Combine the following sentences into a paragraph with the given expression：

> 不是……而是……

▶ 玛利亚的汉语说得很好。
Mǎlìyà de Hànyǔ shuō de hěn hǎo.
Maria speaks very good Chinese.

▶ 玛利亚的老师教得不太好。
Mǎlìyà de lǎoshī jiāo de bú tài hǎo.
Maria's teacher doesn't teach very well.

▶ 玛利亚学习很努力，利用一切机会学习。
Mǎlìyà xuéxí hěn nǔlì, lìyòng yíqiè jīhuì xuéxí.
Maria studies very hard and makes use of every opportunity.

常用关联词语 Common expressions

要……不要……　yào…búyào…　must / should / have to... must not / should not...
是……不是……　shì…bú shì…　is... is not...
不是……而是……　bú shì…érshì…　rather than...
……相反……　…xiāngfǎn…　on the contrary...
反过来说……　fǎn guolai shuō…　in reverse order..., vice versa...
相对来说……　xiāngduì láishuō…　relatively speaking..., comparatively speaking...

要……不要……　yào…búyào…

must / should / have to... must not / should not...

例句 Examples:

(1) 要团结，不要分裂；要光明正大，不要搞阴谋诡计。
Yào tuánjié, búyào fēnliè; yào guāngmíng zhèngdà,

búyào gǎo yīnmóu guǐjì.

There must be unity, not dissensions. There must be justice and honesty, not schemes and intrigues.

(2) 标题的字要用艺术体，英文部分可以用印刷体；字不要太大，而且最好不要用楷体或者宋体。

Biāotí de zì yào yòng yìshùtǐ, Yīngwén bùfen kěyǐ yòng yìnshuātǐ; zì búyào tài dà, érqiě zuìhǎo búyào yòng kǎitǐ huòzhě sòngtǐ.

The headline should be in artistic characters and the English should be in block letters, but characters should not be too big and better not be printed in regular script or Song typeface.

(3) 谦虚在中国是一种美德。一个公司或者组织在宣传自己时既要极力显示自己的优势，但是又要做得非常巧妙，不要让别人产生狂妄自大的感觉。

Qiānxū zài Zhōngguó shì yì zhǒng měidé. Yí ge gōngsī huòzhě zǔzhī zài xuānchuán zìjǐ shí jì yào jílì xiǎnshì zìjǐ de yōushì, dànshì yòu yào zuò de fēicháng qiǎomiào, búyào ràng biérén chǎnshēng kuángwàng zìdà de gǎnjué.

Modesty is a virtue in China. When promoting itself, a company or organization should try its best to show their advantages, but in a tactful way that doesn't give an arrogant and conceited impression.

是……不是…… shì…bú shì…

is... is not...

例句 Examples:

(1) 董事长说了，这次来中国，是为了好好儿地考察一下中国的市场情况，多交一些朋友，不是游山玩水来了。

Dǒngshìzhǎng shuō le, zhè cì lái Zhōngguó, shì wèile hǎohāor de kǎochá yíxià Zhōngguó de shìchǎng qíngkuàng, duō jiāo yìxiē péngyou, bú shì yóu shān wán shuǐ lai le.

Chairman says that the trip to China is aimed to inspect the Chinese market and make more friends instead of sightseeing.

(2) 中国残疾人联合会是一个民间机构，不是一个商业机构，不能以赢利为目的。

Zhōngguó Cánjírén Liánhéhuì shì yí ge mínjiān jīgòu, bú shì yí ge shāngyè jīgòu, bù néng yǐ yíng lì wéi mùdì.

China Disabled Person's Federation is a non-governmental organization instead of a commercial organization. It is not aimed at making profit.

(3) 我们国家不像中国有那么多的古迹。到我们国家去旅游是去观赏美丽多姿的自然风光，不是

Relation of opposition 对立关系

去看像古长城和兵马俑那样的历史遗迹。
Wǒmen guójiā bú xiàng Zhōngguó yǒu nàme duō de gǔjì. Dào wǒmen guójiā qù lǚyóu shì qù guānshǎng měilì duōzī de zìrán fēngguāng, bú shì qù kàn xiàng gǔ Chángchéng hé bīngmǎyǒng nàyàng de lìshǐ yíjì.
Unlike China, there aren't so many historic sites in our country. Rather than go to see historic sites like the ancient Great Wall and terra-cotta warriors and horses, tourists go to our country to see beautiful natural scenery.

不是……而是…… bú shì…érshì…
rather than...

例句 Examples:

(1) 大使在这样的场合出面讲话,不是代表他一个人,而是代表使馆和他的国家。
Dàshǐ zài zhèyàng de chǎnghé chū miàn jiǎng huà, bú shì dàibiǎo tā yí ge rén, érshì dàibiǎo shǐguǎn hé tā de guójiā.
Ambassador gives a speech on such occasion on behalf the embassy and his country rather than in his own name.

(2) 中国人在收下别人送的礼物时,一般不是对礼物表示夸奖,说礼物多么多么漂亮、精致、实用,而是对送礼的人表示感谢或者再三推让以后才收下。

Zhōngguórén zài shōuxià biérén sòng de lǐwù shí, yìbān bú shì duì lǐwù biǎoshì kuājiǎng, shuō lǐwù duōme duōme piàoliang、jīngzhì、shíyòng, érshì duì sòng lǐ de rén biǎoshì gǎnxiè huòzhě zàisān tuīràng yǐhòu cái shōuxià.

When accepting gifts, Chinese people would normally thank the person who gives the gifts or accept them only after repeated declining out of modesty, rather than praise the gifts as being beautiful, delicate and useful.

(3) 我学习汉语不是为了做一个所谓的"中国通",或者对中文有很深的研究,而是为了方便在中国的工作和生活。

Wǒ xuéxí Hànyǔ bú shì wèile zuò yí ge suǒwèi de "zhōngguótōng", huòzhě duì Zhōngwén yǒu hěn shēn de yánjiū, érshì wèile fāngbiàn zài Zhōngguó de gōngzuò hé shēnghuó.

Rather than become a so-called 'China hand' or do deep research about Chinese, I study Chinese to facilitate my work and life in China.

······相反······ ···xiāngfǎn···

on the contrary...

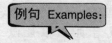Examples:

(1) 人是需要鼓励的,不论是大人还是小孩儿。常

Relation of opposition 对立关系

常得到别人的肯定，就会有信心和勇气，会有无限的创造力；相反，如果一个人总是被别人批评，被人指手画脚，他肯定会灰心透顶，感到没有希望。

Rén shì xūyào gǔlì de, búlùn shì dàrén háishi xiǎoháir. Chángcháng dédào biérén de kěndìng, jiù huì yǒu xìnxīn hé yǒngqì, huì yǒu wúxiàn de chuàngzàolì; xiāngfǎn, rúguǒ yí ge rén zǒngshì bèi biérén pīpíng, bèi rén zhǐ shǒu huà jiǎo, tā kěndìng huì huīxīn tòudǐng, gǎndào méiyǒu xīwàng.

People need encouragement, whether they are adults or children. Frequent approval of others will build up one's confidence, courage and creativity. On the contrary, if one is always criticized and carped about, he will surely feel depressed and hopeless.

(2) 要想学好口语，最好多说，不怕露丑，那样进步就会快；相反，越怕出错，就越是难以进步。

Yào xiǎng xuéhǎo kǒuyǔ, zuìhǎo duō shuō, bú pà lòu chǒu, nàyàng jìnbù jiù huì kuài; xiāngfǎn, yuè pà chū cuò, jiù yuè shì nányǐ jìnbù.

To learn spoken language well and improve fast, one must practice more and dare lose face. On the contrary, the more one is afraid of making mistakes, the harder to improve.

(3) 理解是建立在相互了解的基础上的。两国间的交往和合作越多，就越容易找到共同的语言和利益；相反，互不往来，隔阂只会越来越深。

Lǐjiě shì jiànlì zài xiānghù liǎojiě de jīchǔ shang de. Liǎng guó jiān de jiāowǎng hé hézuò yuè duō, jiù yuè róngyì zhǎodào gòngtóng de yǔyán hé lìyì; xiāngfǎn, hù bù wǎnglái, géhé zhǐ huì yuèláiyuè shēn.

Understanding is based on knowing each other well. More exchanges and cooperation between two countries will make it much more easier to find common language and interests. On the contrary, no exchanges between each other will only lead to deeper estrangement.

反过来说…… fǎn guolai shuō…

in reverse order..., vice versa...

例句 Examples:

(1) 一个人的经历越丰富，他的理解能力就越强；反过来说，他的经历越少，理解力就会越差。

Yí ge rén de jīnglì yuè fēngfù, tā de lǐjiě nénglì jiù yuè qiáng; fǎn guolai shuō, tā de jīnglì yuè shǎo, lǐjiělì jiù huì yuè chà.

The more experiences a person has, the better his understanding. On the contrary, fewer experiences will lead to poorer understanding.

Relation of opposition 对立关系

(2) 我们对环境的保护搞好了，就会有很好的发展后劲；反过来说，环境如果没有保护好，即使发展了，也是暂时的和没有前途的。

Wǒmen duì huánjìng de bǎohù gǎohǎo le, jiù huì yǒu hěn hǎo de fāzhǎn hòujìn; fǎn guolai shuō, huánjìng rúguǒ méiyǒu bǎohù hǎo, jíshǐ fāzhǎn le, yě shì zànshí de hé méiyǒu qiántú de.

If we protect the environment well, we will enjoy a sustainable development. On the contrary, if environment deteriorates, even if there is development, it will be temporary and unpromising.

(3) 运动对人的健康有百利而无一害；反过来说，忽视运动就是忽视健康。

Yùndòng duì rén de jiànkāng yǒu bǎi lì ér wú yí hài; fǎn guolai shuō, hūshì yùndòng jiù shì hūshì jiànkāng.

Exercises only do good and no harm to people's health. On the contrary, neglecting exercises is neglecting health.

相对来说…… xiāngduì láishuō…

relatively speaking..., comparatively speaking...

例句 Examples:

(1) 这里一年分为雨季和旱季，相对来说，旱季的温度要高一些。

Zhèli yì nián fēnwéi yǔjì hé hànjì, xiāngduì láishuō,

hànjì de wēndù yào gāo yìxiē.
There are rainy season and dry season here. The temperature in the dry season is comparatively higher.

(2) 5月有两个代表团访华，我们都很忙；相对来说，6月要轻松得多。
Wǔyuè yǒu liǎng ge dàibiǎotuán fǎng Huá, wǒmen dōu hěn máng; xiāngduì láishuō, liùyuè yào qīngsōng de duō.
As two delegations will visit China in May, we will be very busy. Relatively speaking, we'll be much more relaxed in June.

(3) 我现在住的那个公寓离使馆比较远，但相对来说，比过去的公寓要干净一些，空气也好得多。
Wǒ xiànzài zhù de nà ge gōngyù lí shǐguǎn bǐjiào yuǎn, dàn xiāngduì láishuō, bǐ guòqù de gōngyù yào gānjìng yìxiē, kōngqì yě hǎo de duō.
My apartment now is very far from the embassy. But it is relatively cleaner and with better air than the old apartment.

Relation of opposition 对立关系

练习 Exercises

一、用下列关联词语填空：
Fill in the blanks with the following expressions:

不是……而是…… 要……不要…… 是……不是……
……相反…… 反过来说……

1. 我们不能这样：干得好的受到打击，_____，什么都不干的，成了不倒翁。
   Wǒmen bù néng zhèyàng: gàn de hǎo de shòudào dǎjī, _____, shénme dōu bú gàn de, chéngle bùdǎowēng.
   We can not make the following happen: those who do their job well are attacked, whereas those who do nothing always survive.

2. 应该_____我们为你饯行，_____你来请我们吃饭!
   Yīnggāi _____ wǒmen wèi nǐ jiànxíng, _____ nǐ lái qǐng wǒmen chī fàn.
   We should give you a farewell dinner, but not you entertain us.

3. 改进双方关系的关键_____夸大差异，_____求同存异，最大程度地追求共同利益。
   Gǎijìn shuāngfāng guānxi de guānjiàn _____ kuādà chāyì, _____ qiú tóng cún yì, zuì dà chéngdù de zhuīqiú gòngtóng lìyì.
   The key to improving the relations between the two sides is seeking common ground while reserving differences to maximize common interests, rather than exaggerating differences.

171

4. 一个服务员_____态度友好，_____态度冷淡。

Yí ge fúwùyuán ____ tàidù yǒuhǎo, ____ tàidù lěngdàn.

A waitress should treat her guest friendlily rather than indifferently.

5. 运动就像吸烟喝酒一样，会上瘾的。每天都坚持运动，时间长了，就会产生对运动的依赖，如果哪一天停下来了，就会感到不舒服；_____，如果每天都不运动，就会越来越不想动，懒惰也会成为习惯。

Yùndòng jiù xiàng xī yān hē jiǔ yíyàng, huì shàng yǐn de. Měi tiān dōu jiānchí yùndòng, shíjiān cháng le, jiù huì chǎnshēng duì yùndòng de yīlài, rúguǒ nǎ yì tiān tíng xialai le, jiù huì gǎndào bù shūfu; _____, rúguǒ měi tiān dōu bú yùndòng, jiù huì yuèláiyuè bù xiǎng dòng, lǎnduò yě huì chéngwéi xíguàn.

People will be addicted to sports like smoking and drinking. If they do sports everyday, they can't do without it as time goes by. They will feel uncomfortable if they stop one day. On the contrary, if they don't do any sports everyday, they will find it more difficult to start stretching themselves. And laziness will also become a habit.

二、把下面的短语或句子连成一段话：

Combine the following phrases or sentences into a paragraph:

1

- 领导人到基层去

Relation of opposition 对立关系

lǐngdǎorén dào jīcéng qù
leaders go to the grass roots

- 认真听取基层的介绍和意见
rènzhēn tīngqǔ jīcéng de jièshào hé yìjiàn
conscientiously listen to briefing and comments from the grass roots

- 不了解情况就给一大堆"指示"不好。
Bù liǎojiě qíngkuàng jiù gěi yí dà duī "zhǐshì" bù hǎo.
It's not good to give a lot of 'instructions' without knowing the actual conditions.

2

- 学习汉语需要学习一点儿汉语的语法知识。
Xuéxí Hànyǔ xūyào xuéxí yìdiǎnr Hànyǔ de yǔfǎ zhīshi.
To learn Chinese, one needs to learn a little grammar.

- 学习汉语语法不是浪费时间。
Xuéxí Hànyǔ yǔfǎ bú shì làngfèi shíjiān.
It's not a waste of time to learn Chinese grammar.

- 汉语语法的学习对中文句子结构的理解有帮助。
Hànyǔ yǔfǎ de xuéxí duì Zhōngwén jùzi jiégòu de lǐjiě yǒu bāngzhù.

Learning grammar is helpful in understanding Chinese sentence structure.

___

___

3

- 韩国人和日本人学习汉语时发音和听力是难点。
  Hánguórén hé Rìběnrén xuéxí Hànyǔ shí fāyīn hé tīnglì shì nándiǎn.
  Koreans and Japanese will find pronunciation and listening very difficult when they learn Chinese.

- 韩国人和日本人对汉字比较适应。
  Hánguórén hé Rìběnrén duì Hànzì bǐjiào shìyìng.
  Koreans and Japanese adapt well to Chinese characters.

- 美洲和欧洲的人学习汉语时汉字是难点。
  Měizhōu hé Ōuzhōu de rén xuéxí Hànyǔ shí Hànzì shì nándiǎn.
  People from America and Europe will find Chinese characters very difficult when they learn Chinese.

- 美洲和欧洲的人学习汉语的发音和听力时要容易一些。
  Měizhōu hé Ōuzhōu de rén xuéxí Hànyǔ de fāyīn hé tīnglì shí yào róngyì yìxiē.
  People from America and Europe find pronunciation and listen-

Relation of opposition 对立关系

ing easier.

- 提意见或者建议有不同的方法。

  Tí yìjiàn huòzhě jiànyì yǒu bù tóng de fāngfǎ.

  There are different ways to make comments and suggestions.

- 温和地提出忠告或者建议，听的人往往会虚心而愉快地接受。

  Wēnhé de tíchū zhōnggào huòzhě jiànyì, tīng de rén wǎngwǎng huì xūxīn ér yúkuài de jiēshòu.

  Listeners will normally accept in an open-minded and pleasant manner the advice or suggestions given in a mild tone.

- 简单地指出别人的不足或者粗暴地批评，往往会使听的人产生反感情绪。

  Jiǎndān de zhǐchū biérén de bùzú huòzhě cūbào de pīpíng, wǎngwǎng huì shǐ tīng de rén chǎnshēng fǎngǎn qíngxù.

  Simply pointing out others' shortcoming or criticizing harshly will normally be disliked by listeners.

Progressive relation

定义：表示后一分句比前一分句在意义上进了一层。

Definition：The latter clause goes further in meaning than the previous one.

试一试　Have a try

用所给的关联词语把下面的句子连成一段话：

Combine the following sentences into a paragraph with the given expression：

不仅……更……

▶重要的是，老词典有繁体字，你知道，我过去学的是繁体字。

Zhòngyào de shì, lǎo cídiǎn yǒu fántǐzì, nǐ zhīdao, wǒ guòqù xué de shì fántǐzì.

What's important is that old dictionary is in original complex form of Chinese characters. You know, I used to learn the complex form.

Progressive relation 递进关系

▶ 很可惜我没有把我在台湾学习汉语时用的老词典带来。
Hěn kěxī wǒ méiyǒu bǎ wǒ zài Táiwān xuéxí Hànyǔ shí yòng de lǎo cídiǎn dàilai.
It's a pity that I didn't bring the old dictionary I used when I studied Chinese in Taiwan.

▶ 老词典我用了好多年，已经非常熟悉了。
Lǎo cídiǎn wǒ yòngle hǎoduō nián, yǐjing fēicháng shúxī le.
I have used the old dictionary for years and have been very familiar with it.

常用关联词语 Common expressions

不但……还…… búdàn…hái… not only… but also…
不仅……也…… bùjǐn…yě… not only… also…
……而且…… …érqiě… and…, and also…, moreover…
不但……而且…… búdàn…érqiě… not only… but also…
不仅……更…… bùjǐn…gèng… not only… moreover…
不仅……而且…… bùjǐn…érqiě… not only… but also…

不光……而且…… bùguāng…érqiě…	not only... but also...
还是……况且…… háishì…kuàngqiě…	still/yet/all the same... moreover/besides/in addition...
（已经）……再说…… (yǐjing)…zàishuō…	besides..., moreover..., what's more...
（都）……何况…… (dōu)…hékuàng…	much less..., let alone..., moreover..., furthermore...

不但……还…… búdàn…hái…

not only... but also...

> **例句 Examples：**

(1) 他不但会说英语，还会说俄语和西班牙语。
Tā búdàn huì shuō Yīngyǔ, hái huì shuō Éyǔ hé Xībānyáyǔ.
He speaks not only English but also Russian and Spanish.

(2) 北京的老人特别热情，如果你问路，他不但给你指路，有的还一直把你送到你要去的地方。
Běijīng de lǎorén tèbié rèqíng, rúguǒ nǐ wèn lù, tā búdàn gěi nǐ zhǐ lù, yǒude hái yìzhí bǎ nǐ sòngdào nǐ yào qù de dìfang.
Old people in Beijing are very warm-hearted. If you ask the

way, they will not only show you the way, some will even take you to your destination.

(3) 刘先生的夫人不但长得漂亮，还非常聪明。
Liú xiānsheng de fūren búdàn zhǎng de piàoliang, hái fēicháng cōngming.
Mr. Liu's wife is not only beautiful but also very smart.

不仅……也…… bùjǐn…yě…

not only... also...

例句 Examples:

(1) 北京人家人团聚喜欢包饺子吃，这样不仅有热闹的气氛，也方便省事。
Běijīngrén jiārén tuánjù xǐhuan bāo jiǎozi chī, zhèyàng bùjǐn yǒu rènao de qìfēn, yě fāngbiàn shěng shì.
Beijing people like to make dumplings for family reunion. It's not only fun but also convenient.

(2) 回国时给朋友买一枚中国印章作为礼物，不仅好带，也有档次。
Huí guó shí gěi péngyou mǎi yì méi Zhōngguó yìnzhāng zuòwéi lǐwù, bùjǐn hǎo dài, yě yǒu dàngcì.
A Chinese seal would be a very good present for friends back home. It's not only easy to carry but also of high grade.

(3) 王太太反对丈夫买马力那么大的吉普车，在她看来，这样的汽车不仅贵，也太耗油。
Wáng tàitai fǎnduì zhàngfu mǎi mǎlì nàme dà de jípǔchē, zài tā kànlái, zhèyàng de qìchē bùjǐn guì, yě tài hào yóu.
Mrs. Wang opposes her husband's decision to buy a jeep of such a big horsepower. According to her, such a vehicle is not only expensive but also gas consuming.

······而且······ ···érqiě···

and..., and also..., moreover...

例句 Examples：

(1) 小李和小王非常熟，他们过去是同学，而且是多年的邻居。
Xiǎo Lǐ hé Xiǎo Wáng fēicháng shóu, tāmen guòqù shì tóngxué, érqiě shì duōnián de línjū.
Xiao Li and Xiao Wang know each other quite well. They used to be classmates and also neighbors for many years.

(2) 公司派他来中国其实不太合适。他不了解中国的情况，而且一句汉语也不会说。
Gōngsī pài tā lái Zhōngguó qíshí bú tài héshì. Tā bù liǎojiě Zhōngguó de qíngkuàng, érqiě yí jù Hànyǔ yě bú huì shuō.
In fact it was not suitable for the company to send him to work in China. He doesn't know China. Moreover, he

Progressive relation 递进关系

doesn't speak a single Chinese sentence.

(3) 三年不见，他胖了不少，而且一点儿也不像过去那样灵活了。
Sān nián bú jiàn, tā pàng le bùshǎo, érqiě yìdiǎnr yě bú xiàng guòqù nàyàng línghuó le.
I haven't seen him for three years. He has put on a lot of weight. Moreover, he's no longer as agile as before.

不但……而且…… búdàn…érqiě…

not only... but also...

例句 Examples：

(1) 公司选他当工会主席，真是选对了人。他不但能力强，而且人际关系也非常好。
Gōngsī xuǎn tā dāng gōnghuì zhǔxí, zhēn shì xuǎn duìle rén. Tā búdàn nénglì qiáng, érqiě rénjì guānxi yě fēicháng hǎo.
He is really the right guy to be elected by the company as chairman of the trade union. He is not only capable but also very popular.

(2) 经过这两年的学习，他汉语不但说得流利，而且发音也非常标准。
Jīngguò zhè liǎng nián de xuéxí, tā Hànyǔ búdàn shuō de liúlì, érqiě fāyīn yě fēicháng biāozhǔn.
After two years of learning, he not only speaks fluent Chi-

nese but also has a standard pronunciation.

(3) 通过宽带上网，不但速度快，而且更省钱。
Tōngguò kuāndài shàng wǎng, búdàn sùdù kuài, érqiě gèng shěng qián.
Surfing on the internet on broad band is not only fast but also money saving.

不仅……更…… bùjǐn…gèng…

not only... moreover...

例句 Examples：

(1) 他夫人不仅是他事业上的帮手，更是一个好参谋。
Tā fūren bùjǐn shì tā shìyè shang de bāngshǒu, gèng shì yí ge hǎo cānmou.
His wife is not only a great helper to his career. Moreover she is a good adviser.

(2) 他不仅喜欢四川的气候，更喜欢四川的人文环境，周围的人对他都非常友好。
Tā bùjǐn xǐhuan Sìchuān de qìhòu, gèng xǐhuan Sìchuān de rénwén huánjìng, zhōuwéi de rén duì tā dōu fēicháng yǒuhǎo.
He likes not only the weather in Sichuan but also the human environment there. Everyone is very friendly to him.

(3) 把孩子送到寄宿学校学习，不仅可以让孩子享

Progressive relation 递进关系

受到好的教育，更能培养孩子的自立意识和生活自理能力。
Bǎ háizi sòngdào jìsù xuéxiào xuéxí, bùjǐn kěyǐ ràng háizi xiǎngshòu dào hǎo de jiàoyù, gèng néng péiyǎng háizi de zìlì yìshí hé shēnghuó zìlǐ nénglì.
If children are sent to boarding school, they will not only get good education but also train to be self-reliant and to take care of their own life.

不仅……而且……   bùjǐn…érqiě…

not only... but also...

例句 Examples：

(1) 新的物业管理公司不仅服务态度好，而且服务的质量也好，非常专业。
Xīn de wùyè guǎnlǐ gōngsī bùjǐn fúwù tàidù hǎo, érqiě fúwù de zhìliàng yě hǎo, fēicháng zhuānyè.
The new property management company not only has a good attitude but also offers professional service.

(2) 新来的音乐老师不仅歌唱得好，而且还弹得一手好钢琴。
Xīn lái de yīnyuè lǎoshī bùjǐn gē chàng de hǎo, érqiě hái tán de yì shǒu hǎo gāngqín.
The new music teacher not only sings beautifully but also plays the piano beautifully.

183

(3) 他非常希望到这样的跨国公司里去工作,不仅工资高,而且还可以得到很好的锻炼。

Tā fēicháng xīwàng dào zhèyàng de kuàguó gōngsī li qù gōngzuò, bùjǐn gōngzī gāo, érqiě hái kěyǐ dédào hěn hǎo de duànliàn.

He very much hopes to work in such a multinational company, where he will not only get well paid but also get well tempered.

不光……而且…… bùguāng…érqiě…

not only... but also...

例句 Examples:

(1) 新来的秘书徐小姐不光长得漂亮,而且办事非常利索。

Xīn lái de mìshū Xú xiǎojie bùguāng zhǎng de piàoliang, érqiě bàn shì fēicháng lìsuo.

The new secretary Miss Xu is not only beautiful. Moreover, she is nimble and acts with decision.

(2) 新电脑不光硬盘大,内存空间大,而且软件配置非常先进。

Xīn diànnǎo bùguāng yìngpán dà, nèicún kōngjiān dà, érqiě ruǎnjiàn pèizhì fēicháng xiānjìn.

The new computer not only has a big hard disk and a big internal memory. Moreover, its software configuration is also very advanced.

Progressive relation 递进关系

(3) 在这样的场合用汉语致辞，不光要讲得流利，而且还要用一些成语或者俗语，使讲话更幽默。
Zài zhèyàng de chǎnghé yòng Hànyǔ zhìcí, bùguāng yào jiǎng de liúlì, érqiě hái yào yòng yìxiē chéngyǔ huòzhě súyǔ, shǐ jiǎnghuà gèng yōumò.
To give a speech in Chinese on such occasion, one has to not only speak fluently but also use some idioms and popular sayings to be more humorous.

还是……况且…… háishì…kuàngqiě…
still/yet/all the same... moreover/besides/in addition...

例句 Examples:

(1) 他当然懂音乐，过去他还是中学乐队的队长，况且这么多年，他一直坚持练习拉小提琴。
Tā dāngrán dǒng yīnyuè, guòqù tā háishì zhōngxué yuèduì de duìzhǎng, kuàngqiě zhème duō nián, tā yīzhí jiānchí liànxí lā xiǎotíqín.
Of course he knows music. He used to be team leader of his middle school band. In addition, he has always kept on practicing violin all these years.

(2) 翻译小李对中美文化交流非常了解，几次重大的谈判，她还是现场翻译，况且，她最近撰写的硕士论文就是关于中美文化交流方面的。
Fānyì Xiǎo Lǐ duì Zhōng Měi wénhuà jiāoliú fēicháng

liǎojiě, jǐ cì zhòngdà de tánpàn, tā háishì xiànchǎng fānyì, kuàngqiě, tā zuìjìn zhuànxiě de shuòshì lùnwén jiù shì guānyú Zhōng Měi wénhuà jiāoliú fāngmiàn de.

Interpreter Xiao Li knows a lot about Sino-US cultural exchanges. She has served as the on-the-spot interpreter for several major talks. Besides, her recent Master's thesis is on Sino-US cultural exchanges.

(3) 李教练非常了解小张的水平。他还是小张的启蒙教练，况且他一直担任小张教练的助理工作。
Lǐ jiàoliàn fēicháng liǎojiě Xiǎo Zhāng de shuǐpíng. Tā háishì Xiǎo Zhāng de qǐméng jiàoliàn, kuàngqiě tā yìzhí dānrèn Xiǎo Zhāng jiàoliàn de zhùlǐ gōngzuò.
Coach Mr. Li knows Xiao Zhang's level very well. He used to coach Xiao Zhang when he was a beginner. Moreover, he has been an assistant to Xiao Zhang's coach all the time.

(已经)……再说……　　(yǐjing)…zàishuō…

besides..., moreover..., what's more...

例句 Examples:

(1) 刘主任已经退休了，就不要说他的坏话了，再说他也做出了不少成绩呢。
Liú zhǔrèn yǐjing tuì xiū le, jiù bú yào shuō tā de huài huà le, zàishuō tā yě zuòchūle bùshǎo chéngjì ne.
Director Liu has already retired. So don't speak ill of him.

Progressive relation 递进关系

Besides, he has accomplished quite a lot.

(2) 事情已经过去了，就不要再提它了，再说，还有那么多的新事情等着我们去处理呢。

Shìqing yǐjing guòqu le, jiù búyào zài tí tā le, zàishuō, hái yǒu nàme duō de xīn shìqing děngzhe wǒmen qù chǔlǐ ne.

It's already bygones. So don't mention it anymore. Moreover, there are still so many new questions for us to handle.

(3) 我离开管理岗位多年了，对这里的人和事已经不熟悉了，不想再回去过问公司的事了，再说，年轻的经理们干得都挺不错的，我也帮不上什么忙。

Wǒ líkāi guǎnlǐ gǎngwèi duō nián le, duì zhèlǐ de rén hé shì yǐjing bù shúxī le, bù xiǎng zài huíqu guòwèn gōngsī de shì le, zàishuō, niánqīng de jīnglǐmen gàn de dōu tǐng búcuò de, wǒ yě bāng bu shàng shénme máng.

I'm no longer quite familiar with the people and work here as I have left management position for years. So I don't want to concern myself with company matters anymore. Besides, young managers are doing quite well and I won't be of any great help.

（都）……何况…… （dōu）…hékuàng…

much less... , let alone... , moreover... , furthermore...

例句 Examples:

(1) 离开中国这么多年，我的汉语都快忘光了，何况当时也学得不怎么好。

Líkāi Zhōngguó zhème duō nián, wǒ de Hànyǔ dōu kuài wàngguāng le, hékuàng dāngshí yě xué de bù zěnme hǎo.

I almost forget all my Chinese as I have left China for so many years. Moreover, I wasn't a good student then.

(2) 今年国庆节大家都回家去了，何况又是中秋节，大家更希望跟家人一起度过。

Jīnnián Guóqìng Jié dàjiā dōu huí jiā qu le, hékuàng yòu shì Zhōngqiū Jié, dàjiā gèng xīwàng gēn jiārén yìqǐ dùguò.

Everybody has gone back home for National holiday this year. Besides, it's also Mid Autumn Festival. So people would hope all the more to celebrate with their families.

(3) 这部电影我一定要看，张艺谋的电影我几乎都看了，何况这部电影还是他的成名之作。

Zhè bù diànyǐng wǒ yídìng yào kàn, Zhāng Yìmóu de diànyǐng wǒ jīhū dōu kàn le, hékuàng zhè bù diànyǐng hái shì tā de chéng míng zhī zuò.

This movie is a must. I have seen almost all Zhang Yimou's movies. Moreover, this one has established his reputation.

Progressive relation 递进关系

练习 Exercises

一、用下列关联词语填空：

Fill in the blanks with the following expressions：

不但……还……	不仅……也……	……而且……
不但……而且……	不仅……更……	不仅……而且……
不光……而且……	还是……况且……	
（已经）……再说……	（都）……何况……	

1. 王先生_____是成功的商人，_____是科学家。
   Wáng xiānsheng _____ shì chénggōng de shāngrén, _____ shì kēxuéjiā.
   Mr. Wang is not only a successful businessman but also a scientist.

2. 在中国生活了这么多年，他_____熟悉了这里的生活，_____对周围的同事也产生了感情。
   Zài Zhōngguó shēnghuóle zhème duō nián, tā _____ shúxīle zhèli de shēnghuó, _____ duì zhōuwéi de tóngshì yě chǎnshēngle gǎnqíng.
   Having lived in China for so many years, he has not only familiarized himself with the life here but also formed an attachment for his colleagues.

3. 蔡志忠_____是成功的漫画家，_____是台湾有名的桥牌高手。
   Cài Zhìzhōng _____ shì chénggōng de mànhuàjiā, _____ shì Táiwān yǒumíng de qiáopái gāoshǒu.

189

Cai Zhizhong is not only a successful cartoonist but also a well-known bridge player in Taiwan.

4. 他喜欢坐飞机出差，_____快，_____舒适。
   Tā xǐhuan zuò fēijī chū chāi, _____ kuài, _____ shūshì.
   He likes to be on business trips by air. It's not only fast but also comfortable.

5. 张先生觉得小学生集邮是一种很好的爱好，_____可以增长知识，_____可以培养他们严谨认真的性格。
   Zhāng xiānsheng juéde xiǎoxuéshēng jíyóu shì yì zhǒng hěn hǎo de àihào, _____ kěyǐ zēngzhǎng zhīshi, _____ kěyǐ péiyǎng tāmen yánjǐn rènzhēn de xìnggé.
   Mr. Zhang considers stamp collection by primary school pupils a very good hobby. It can not only increase their knowledge but also train their prudent and serious character.

6. 这件事我做不了主，在公司我毕竟_____副手，_____这也不是我主管的范围。
   Zhè jiàn shì wǒ zuò buliǎo zhǔ, zài gōngsī wǒ bìjìng _____ fùshǒu, _____ zhè yě bú shì wǒ zhǔguǎn de fànwéi.
   It's not up to me to decide on this matter. After all, I'm only a deputy in the company. Besides, this is not my responsibility.

7. 儿女的婚事我们不应该干涉太多，年轻人_____有自己的生活准则，_____他们都已经大了，有权利自己做主。
   Érnǚ de hūnshì wǒmen bù yīnggāi gānshè tài duō,

niánqīngrén _____ yǒu zìjǐ de shēnghuó zhǔnzé,
_____ tāmen dōu yǐjing dà le, yǒu quánlì zìjǐ zuò zhǔ.

We shouldn't interfere too much in children's marriage. Young people all have their own code for life. Moreover, they have grown up and have the right to decide for themselves.

8. 不要用过去的标准要求现在的学生,时代_____改变了,_____他们的想法也不是完全没有道理。

Búyào yòng guòqù de biāozhǔn yāoqiú xiànzài de xuésheng, shídài _____ gǎibiàn le, _____ tāmen de xiǎngfǎ yě bú shì wánquán méiyǒu dàoli.

Old standards shouldn't be applied to the students now. Times have changed. What's more, their opinions are not completely unreasonable.

二、把下面的句子连成一段话:

Combine the following sentences into a paragraph:

1

- 过去我们用笔写文章,现在用电脑写文章。

  Guòqù wǒmen yòng bǐ xiě wénzhāng, xiànzài yòng diànnǎo xiě wénzhāng.

  We used to write articles with a pen, now we use computers.

- 用电脑写文章非常快。

  Yòng diànnǎo xiě wénzhāng fēicháng kuài.

  It's very fast to write articles using computers.

- 用电脑写文章修改起来非常方便。
  Yòng diànnǎo xiě wénzhāng xiūgǎi qilai fēicháng fāngbiàn.
  It's very convenient to modify the article using computers.

2

- 我事业上的成功应该归功于我的妻子。
  Wǒ shìyè shang de chénggōng yīnggāi guīgōng yú wǒ de qīzi.
  I should attribute my career success to my wife.

- 我妻子是贤妻良母,承担了几乎所有的家务。
  Wǒ qīzi shì xián qī liáng mǔ, chéngdānle jīhū suǒyǒu de jiāwù.
  As a good wife and a loving mother, my wife undertakes almost all the housework.

- 我妻子对我的事业提出了很多建设性的建议。
  Wǒ qīzi duì wǒ de shìyè tíchūle hěn duō jiànshèxìng de jiànyì.
  My wife gives a lot of constructive advice to my career.

Progressive relation 递进关系

3

- 你对京剧的理解并不比高先生多。
  Nǐ duì jīngjù de lǐjiě bìng bù bǐ Gāo xiānsheng duō.
  Your understanding about Peking opera isn't more than Mr. Gao.

- 高先生是北京有名的京剧票友。
  Gāo xiānsheng shì Běijīng yǒumíng de jīngjù piàoyǒu.
  Mr. Gao is a well-known amateur Peking opera performer in Beijing.

- 在京剧方面你不应该对高先生说这说那。
  Zài jīngjù fāngmiàn nǐ bù yīnggāi duì Gāo xiānsheng shuō zhè shuō nà.
  You shouldn't make irresponsible remarks about Mr. Gao in terms of Peking opera.

4

- 这件事情已经过去了。
  Zhè jiàn shìqing yǐjing guòqu le.
  This matter has already past.

- 我们不要再议论这件事情了。

Wǒmen búyào zài yìlùn zhè jiàn shìqing le.
We'd better not discuss it anymore.

- 我们有更多的新问题需要讨论。
Wǒmen yǒu gèng duō de xīn wèntí xūyào tǎolùn.
We have more new questions to discuss.

_____

_____

5

- 我没有把我在国内的汽车带来。
Wǒ méiyǒu bǎ wǒ zài guónèi de qìchē dàilai.
I didn't bring along the car I used at home.

- 你知道，办理汽车托运手续非常麻烦。
Nǐ zhīdao, bànlǐ qìchē tuōyùn shǒuxù fēicháng máfan.
You know, it's very troublesome to check a car.

- 现在在中国买汽车非常方便。
Xiànzài zài Zhōngguó mǎi qìchē fēicháng fāngbiàn.
Now it's very convenient to buy cars in China.

_____

_____

Chain relation

定义：后面的分句跟着前面的分句变，前后分句中往往有相同的词语。

Definition：The latter clause changes with the previous one. The previous clause and the latter one normally have the same expression.

试一试　Have a try

用所给的关联词语把下面的短语或句子连成一段话：
Combine the following phrases or sentences into a paragraph with the given expression：

谁……就……

▶ 我们这个京剧俱乐部是完全自由的。
Wǒmen zhè ge jīngjù jùlèbù shì wánquán zìyóu de.
Our Peking opera club is completely free.

▶ 谁都可以加入
shuí dōu kěyǐ jiārù

195

anybody can join

▶ 什么时候都可以退出
shénme shíhou dōu kěyǐ tuìchū
people can leave at anytime

常用关联词语 Common expressions

……怎么……就怎么…… ···zěnme···jiù zěnme···	… the way… . whatever…
谁……就…… shuí···jiù···	whoever…
什么……就…… shénme···jiù···	whatever…
哪里（哪儿）……就…… nǎli (nǎr) ···jiù···	wherever…
哪个……就…… nǎ ge···jiù···	whichever…, whoever…
谁的……就…… shuí de···jiù···	whoever…
越……越…… yuè···yuè···	the more… the more…
越是……越是…… yuè shì···yuè shì···	the more… the more…

……怎么……就怎么…… ···zěnme···jiù zěnme···
… the way… . whatever…

Chain relation 连锁关系

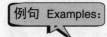 Examples:

(1) 如果你不知道吃西餐的规矩,那就看别人。别人怎么吃,你就怎么吃,别人用什么餐具,你就用什么餐具。

Rúguǒ nǐ bù zhīdào chī xīcān de guīju, nà jiù kàn biérén. Biérén zěnme chī, nǐ jiù zěnme chī, biérén yòng shénme cānjù, nǐ jiù yòng shénme cānjù.

If you don't know the table manners for western meals, look at others. Eat the same way others eat. Use the same tableware others use.

(2) 这种礼物一定不能接受。人家怎么送来的,就怎么送回去。

Zhè zhǒng lǐwù yídìng bù néng jiēshòu. Rénjia zěnme sònglai de, jiù zěnme sòng huiqu.

We must not accept this kind of present. Send it back exactly the way it was sent here.

(3) 我喜欢在大草原上开吉普车。在那样平坦的草原上想怎么开,就怎么开。

Wǒ xǐhuan zài dà cǎoyuán shang kāi jípǔchē. Zài nàyàng píngtǎn de cǎoyuán shang xiǎng zěnme kāi, jiù zěnme kāi.

I like to drive a jeep on vast grassland. One can drive whatever way he likes on the open and flat grassland.

谁……就…… shuí…jiù…

whoever...

例句 Examples:

(1) 谁的工作有成绩，谁的工资就应该高一些。
Shuí de gōngzuò yǒu chéngjì, shuí de gōngzī jiù yīnggāi gāo yìxiē.
Whoever performs well in his work should deserve a higher salary.

(2) 以后的社会应是看重能力而不是学历。谁的能力强就有更多的机会，而不是谁的学历高就有更多的机会。
Yǐhòu de shèhuì yīng shì kànzhòng nénglì ér bú shì xuélì. Shuí de nénglì qiáng jiù yǒu gèng duō de jīhuì, ér bú shì shuí de xuélì gāo jiù yǒu gèng duō de jīhuì.
Capability rather than academic credentials are what count in the future society. Whoever is capable rather than with higher academic credentials will have more opportunities.

(3) 在腐败非常严重的社会里做生意，谁的关系多，谁就有成功的机会。
Zài fǔbài fēicháng yánzhòng de shèhuì li zuò shēngyì, shuí de guānxi duō, shuí jiù yǒu chénggōng de jīhuì.
To do business in a very corrupt society, whoever has more

Chain relation 连锁关系

connections will be more likely to succeed.

什么……就…… shénme…jiù…

whatever...

例句 Examples:

(1) 我的胃口非常好，有什么就吃什么，从来不挑食。
Wǒ de wèikǒu fēicháng hǎo, yǒu shénme jiù chī shénme, cónglái bù tiāoshí.
I have a good appetite. I eat whatever is available and I'm never choosy about food.

(2) 张先生是个直人，心里想什么就说什么。
Zhāng xiānsheng shì ge zhí rén, xīn li xiǎng shénme jiù shuō shénme.
Mr. Zhang is a straightforward person. He speaks whatever he thinks in his mind.

(3) 我希望老师对我的教学要以我的工作和生活需要为主，而不是以教材为主。我需要什么就教什么。
Wǒ xīwàng lǎoshī duì wǒ de jiàoxué yào yǐ wǒ de gōngzuò hé shēnghuó xūyào wéi zhǔ, ér bú shì yǐ jiàocái wéi zhǔ. Wǒ xūyào shénme jiù jiāo shénme.
I hope my teacher would base my lessons on my working and

living needs rather than on textbook. I hope he would teach me whatever I need.

哪里（哪儿）……就…… nǎli (nǎr) …jiù…

wherever...

例句 Examples：

(1) 这么大的男孩子就喜欢热闹，哪里人多，就朝哪里去。
Zhème dà de nán háizi jiù xǐhuan rènao, nǎli rén duō, jiù cháo nǎli qù.
Boys at this age love fun. They will go wherever there are more people.

(2) 王主任是个非常幽默的人，他走到哪儿，就把笑声带到哪儿。
Wáng zhǔrèn shì ge fēicháng yōumò de rén, tā zǒu dào nǎr, jiù bǎ xiàoshēng dàidào nǎr.
Director Wang is a person with a good sense of humor. He brings laughter to wherever he goes.

(3) 这届政府非常关心老百姓的生活，哪儿出现了困难，他们就出现在哪儿。
Zhè jiè zhèngfǔ fēicháng guānxīn lǎobǎixìng de shēnghuó, nǎr chūxiànle kùnnan, tāmen jiù chūxiàn zài nǎr.

Chain relation 连锁关系

The present government is very concerned with people's life. They will show up wherever there is a difficulty.

哪个……就…… nǎ ge…jiù…

whichever... , whoever...

例句 Examples:

(1) 他买东西不看质量，只看名气，哪个是名牌，就买哪个。
Tā mǎi dōngxi bú kàn zhìliàng, zhǐ kàn míngqì, nǎ ge shì míngpái, jiù mǎi nǎ ge.
He only looks at reputation rather than quality when doing shopping. He buys whichever is a big brand.

(2) 这只狗不认生，哪个唤它，它就跟哪个走。
Zhè zhī gǒu bú rèn shēng, nǎ ge huàn tā, tā jiù gēn nǎ ge zǒu.
This dog is not shy with strangers. He will go with whoever calls him.

(3) 有了规定就应该执行，哪个犯了错，就得惩罚，不能留情面。
Yǒule guīdìng jiù yīnggāi zhíxíng, nǎ ge fànle cuò, jiù děi chéngfá, bù néng liú qíngmiàn.
Rules should be abided by. Whoever breaks the rules has to be punished mercilessly.

谁的……就…… shuí de…jiù…

whoever...

例句 Examples:

(1) 是谁的成绩就是谁的成绩，不能伤害人的积极性。
Shì shuí de chéngjì jiù shì shuí de chéngjì, bù néng shānghài rén de jījíxìng.
Whosever achievements should be recognized as their own achievements. Their enthusiasm must not be dampened.

(2) 大家应该坦白一些，是谁的错，谁就应该承认。
Dàjiā yīnggāi tǎnbái yìxiē, shì shuí de cuò, shuí jiù yīnggāi chéngrèn.
All of us should be honest. Whoever made the mistake should admit it.

(3) 这次招聘考试是非常认真严格的，谁的成绩好，就录取谁。
Zhè cì zhāopìn kǎoshì shì fēicháng rènzhēn yángé de, shuí de chéngjì hǎo, jiù lùqǔ shuí.
The recruitment exam is very strict. Whoever does well will be recruited.

越……越…… yuè…yuè…

the more... the more...

Chain relation 连锁关系

> 例句 Examples:

(1) 杰克在学习上不怕难,越碰到难的问题,他越有兴趣。
Jiékè zài xuéxí shang bú pà nán, yuè pèngdào nán de wèntí, tā yuè yǒu xìngqù.
Jack fears no difficulties in his study. The more difficult the question is, the more interested he is.

(2) 人们在购物上有一种特别的心理,往往是东西越涨价,人们越是要抢着买。
Rénmen zài gòu wù shang yǒu yì zhǒng tèbié de xīnlǐ, wǎngwǎng shì dōngxi yuè zhǎng jià, rénmen yuè shì yào qiǎngzhe mǎi.
People have a special mentality when shopping. Normally the higher the price, the harder they rush to buy.

(3) 对孩子应该多鼓励,少批评,因为,批评越多,孩子们越容易失去对学习的兴趣。
Duì háizi yīnggāi duō gǔlì, shǎo pīpíng, yīnwèi, pīpíng yuè duō, háizimen yuè róngyì shīqù duì xuéxí de xìngqù.
Children should be encouraged more and criticized less. Because the more criticism, the more easily they lose their interest in study.

越是……越是…… yuè shì…yuè shì…

the more... the more...

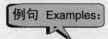 Examples:

(1) 青春期的孩子有逆反心理，你越是要求他做什么，他越是不做什么。
Qīngchūnqī de háizi yǒu nìfǎn xīnlǐ, nǐ yuè shì yāoqiú tā zuò shénme, tā yuè shì bú zuò shénme.
Children who reach puberty develop a rebellious psychology. The harder you demand them to do something, the harder they refuse to do it.

(2) 杰克是比赛型的选手，越是重大的比赛，他越是能充分发挥水平。
Jiékè shì bǐsàixíng de xuǎnshǒu, yuè shì zhòngdà de bǐsài, tā yuè shì néng chōngfèn fāhuī shuǐpíng.
Jack is a competition-type player. The more important the match is, the better he performs.

(3) 既然汉语学习那么重要，就不应该找借口不学习，越是忙，就越是要挤时间学。
Jìrán Hànyǔ xuéxí nàme zhòngyào, jiù bù yīnggāi zhǎo jièkǒu bù xuéxí, yuè shì máng, jiù yuè shì yào jǐ shíjiān xué.
Since it's so important to learn Chinese, you shouldn't find excuse not to learn. The busier you are, the more time you should squeeze on study.

练习 Exercises

一、用下列关联词语填空：

Fill in the blanks with the following words：

```
……怎么……就怎么……      谁……就……
什么……就……    哪里（哪儿）……就……
哪个……就……    谁的……就……
越……越……      越是……越是……
```

1. 这个游戏非常简单，每个步骤都有提示，提示＿＿＿＿说，你＿＿＿＿做。
   Zhè ge yóuxì fēicháng jiǎndān, měi ge bùzhòu dōu yǒu tíshì, tíshì ＿＿＿＿ shuō, nǐ ＿＿＿＿ zuò.
   The game is very simple. There is instruction for every step. Do whatever the instructions tell you to do.

2. 我们不能那么势利，＿＿＿＿穷的人，地位低的人，就＿＿＿＿要尊重他。
   Wǒmen bù néng nàme shìlì, ＿＿＿＿ qióng de rén, dìwèi dī de rén, jiù ＿＿＿＿ yào zūnzhòng tā.
   We must not be snobbish. The poorer the man and the lower his status, the more we should respect him.

3. 在私人企业里，没有那么多的道理可讲，＿＿＿＿不好好干，＿＿＿＿开除他。

205

Zài sīrén qǐyè li, méiyǒu nàme duō de dàoli kě jiǎng, _____ bù hǎohāo gàn, _____ kāichú tā.

There isn't so much reasoning in a private enterprise. Whoever doesn't work hard will be fired.

4. 他的讲解非常不清楚，而且用了太多的专业术语，他 _____讲解，我们_____糊涂。

Tā de jiǎngjiě fēicháng bù qīngchu, érqiě yòngle tài duō de zhuānyè shùyǔ, tā _____ jiǎngjiě, wǒmen _____ hútu.

His explanation is very unclear with so many technical terms. The more he explains, the more confused we are.

5. 老板吩咐做_____，_____做什么，不要问那么多的为什么。

lǎobǎn fēnfù zuò _____, _____ zuò shénme, búyào wèn nàme duō de wèi shénme.

Do whatever the boss tells us to do. Don't ask so many whys.

6. 我们这里用人主要看能力，_____能力强，_____提拔谁。

Wǒmen zhèli yòng rén zhǔyào kàn nénglì, _____ nénglì qiáng, _____ tíbá shuí.

We mainly look at a person's capability to make use of him. Whoever is capable will be promoted.

7. 电子眼对维持交通非常有用，_____有电子眼，哪里的交通秩序_____好一些。

Chain relation 连锁关系

Diànziyǎn duì wéichí jiāotōng fēicháng yǒuyòng, _____ yǒu diànzǐyǎn, nǎli de jiāotōng zhìxù _____ hǎo yìxiē.
Electronic surveillance camera is very useful for traffic control. Wherever there is a surveillance camera enjoys a better traffic order.

8. 这位领导喜欢听好话,_____马屁拍得好,哪个_____有更好的晋升机会。
Zhè wèi lǐngdǎo xǐhuan tīng hǎo huà, _____ mǎpì pāi de hǎo, nǎ ge _____ yǒu gèng hǎo de jìnshēng jīhuì.
This leader is fond of praise. Whoever is good at licking boots will get a better chance for promotion.

二、把下面的短语或句子连成一段话:
Combine the following phrases or sentences into a paragraph:

1

- 这种小叶子植物不怕寒冷。
Zhè zhǒng xiǎo yèzi zhíwù bú pà hánlěng.
This kind of microphyll doesn't fear coldness.

- 在寒冷的气候条件下,这种小叶子植物长得非常好。
Zài hánlěng de qìhòu tiáojiàn xià, zhè zhǒng xiǎo yèzi zhíwù zhǎng de fēicháng hǎo.
This kind of microphyll grows very well in cold climate.

_____

_____

- 李小姐是个好嫉妒的人。
  Lǐ xiǎojie shì ge hào jídù de rén.
  Miss Li is a jealous person.

- 李小姐走到一个地方。
  Lǐ xiǎojie zǒudào yí ge dìfang.
  Miss Li goes to a place.

- 这个地方会出现她的敌人
  zhè ge dìfang huì chūxiàn tā de dírén
  there will be her enemy in this place

3

- 中国过去的教育要求孩子们非常"乖"。
  Zhōngguó guòqù de jiàoyù yāoqiú háizimen fēicháng "guāi".
  Children were educated to be very 'well-behaved and obedient' in China in the past.

- 孩子们必须严格按照老师的要求做。
  Háizimen bìxū yángé ànzhào lǎoshī de yāoqiú zuò.
  Children must strictly follow teachers' instructions.

Chain relation 连锁关系

4

- 对于别人的意见，我没有偏见。
  Duìyú biérén de yìjiàn, wǒ méiyǒu piānjiàn.
  I have no prejudice against others' comments.

- 我接受正确的意见。
  Wǒ jiēshòu zhèngquè de yìjiàn.
  I accept correct comments.

5

- 多干活儿，少说话，特别是不要随便发牢骚
  duō gàn huór, shǎo shuō huà, tèbié shì búyào suíbiàn fā láosāo
  do more and talk less, especially don't complain casually

- 牢骚多了对自己不利
  láosāo duō le duì zìjǐ búlì
  more complaints won't be good to oneself

6

- 现在我点名。
  Xiànzài wǒ diǎn míng.
  Now I'll call the roll.

- 我点到的人请举手。
  Wǒ diǎndào de rén qǐng jǔ shǒu.
  The person who is mentioned please raises your hand.

7

- 请对我提出你的意见。
  Qǐng duì wǒ tíchū nǐ de yìjiàn.
  Please tell me your views.

- 不要隐瞒自己的观点。
  Búyào yǐnmán zìjǐ de guāndiǎn.
  Please don't hold back your opinions.

Chain relation 连锁关系

8

- 刘小姐找丈夫的条件非常简单。
Liú xiǎojie zhǎo zhàngfu de tiáojiàn fēicháng jiǎndān.
Miss Liu has got very simple conditions for finding a husband.

- 她希望嫁给有钱的人。
Tā xīwàng jiàgěi yǒu qián de rén.
She wants to marry a rich guy.

练习参考答案
Reference answers

并列关系　Coordinative relation

试一试

我来中国工作，并没有把我原来在新加坡的汽车带来。一来托运汽车非常麻烦；二来我原来的汽车是右边驾驶的，而在中国开车是左边驾驶。

Wǒ lái Zhōngguó gōngzuò, bìng méiyǒu bǎ wǒ yuánlái zài Xīnjiāpō de qìchē dàilai. Yīlái tuōyùn qìchē fēicháng máfan; èrlái wǒ yuánlái de qìchē shì yòubian jiàshǐ de, ér zài Zhōngguó kāi chē shì zuǒbian jiàshǐ.

I didn't bring along the car I used in Singapore when I came to work in China. Because first, it is very troublesome to check a car. And second, my previous car is right-hand drive, but in China cars are left-hand drive.

练习

一、1. 一边……一边……
2. 一面……一面……；一边……一边……；一来……二来……；一则……二则……
3. 既……又……；一来……二来……；一则……二则……；又……又……
4. 既……也……
5. 一来……二来……；一则……二则……
6. 又……又……；既……又……
7. 时而……时而……；有时候……有时候……；一会儿……一会儿……

> ## *Reference answers* 练习参考答案

8. 时而……时而……

二、1. 所谓追二兔者不得一兔，你不可能一边学习英语一边学习法语。

Suǒwèi zhuī èr tù zhě bù dé yí tù, nǐ bù kěnéng yìbiān xuéxí Yīngyǔ yìbiān xuéxí Fǎyǔ.

The so called those who chase two rabbits won't get one means that you can't learn English while learning French.

2. 买汽车应该尽量买排气量高一点的。排气量低的汽车马力有限，车身太小，太轻，既不适合去郊游，也不安全。

Mǎi qìchē yīnggāi jǐnliàng mǎi páiqìliàng gāo yìdiǎnr de. Páiqìliàng dī de qìchē mǎlì yǒuxiàn, chēshēn tài xiǎo, tài qīng, jì bú shìhé qù jiāoyóu, yě bù ānquán.

People should do the best they can to buy cars with high displacement. Cars with low displacement are limited in horsepower, small in size and light in weigh, therefore they are neither good for travelling nor safe to drive.

3. 我建议利用假期把孩子送到欧洲去参加夏令营。一来可以提高孩子的英语水平，二来可以锻炼孩子的独立生活能力，再说呢，如果不参加夏令营，把孩子放在家里也没有人照看。

Wǒ jiànyì lìyòng jiàqī bǎ háizi sòngdào Ōuzhōu qù cānjiā xiàlìngyíng. Yīlái kěyǐ tígāo háizi de Yīngyǔ shuǐpíng, èrlái kěyǐ duànliàn háizi de dúlì shēnghuó nénglì, zàishuō ne, rúguǒ bù cānjiā xiàlìngyíng, bǎ háizi fàng zài jiā li yě méiyǒu rén zhàokàn.

I suggest we send the kid to Europe for summer camp on his holiday. First, summer camp will help improve his English. Second, it will train his ability to live independently. What's more, if the kid doesn't join summer camp, nobody will be able to take care of him at home.

4. 医院的检查结果还没有出来，李先生非常烦躁。他一会儿在医院的走廊里走过来走过去，一会儿跑到拿检查结果的窗口问结果是否已经出来。

Yīyuàn de jiǎnchá jiéguǒ hái méiyǒu chūlai, Lǐ xiānsheng

213

fēicháng fánzào. tā yíhuìr zài yīyuàn de zǒuláng li zǒu guòlái zǒu guòqù, yíhuìr pǎodào ná jiǎnchá jiéguǒ de chuāngkǒu wèn jiéguǒ shìfǒu yǐjing chūlai.

Hospital checkup result has not come out yet. Mr. Li is very nervous. One moment he is pacing to and fro in the hallway. The next he is at the enquiry window asking for the result.

罗列关系 Relation of enumeration

试一试

大和电器公司董事长给大家介绍了他们公司成功的三点经验：第一，严格把好质量关；第二，重视售后服务；第三，注重新产品的开发和研制。

Dàhé Diànqì Gōngsī dǒngshìzhǎng gěi dàjiā jièshàole tāmen gōngsī chénggōng de sān diǎn jīngyàn: dì yī, yángé bǎhǎo zhìliàngguān; dì èr, zhòngshì shòuhòu fúwù; dì sān, zhùzhòng xīn chǎnpǐn de kāifā hé yánzhì.

Chairman of Dahe Electrical Appliance Company shared with everyone the three aspects of their sucсssful experience. First, the Company does a great job of quality control. Second, the Company attaches importance to after-sales service. Third, the Company places emphasis on research and development of new products.

练习

一、1. 第一……第二……第三……；首先……其次……第三……；
其一……其二……其三……；一是……二是……三是……
2. ……之一是……；之二是……；……之三是……
3. 第一……第二……第三……；首先……其次……第三……；
其一……其二……其三……；一是……二是……三是……

Reference answers 练习参考答案

4. 第一……第二……第三……；首先……其次……第三……；
其一……其二……其三……

二、1. 小李说他找女朋友有几个必需的条件：其一是必须漂亮；其二是必须温柔；其三是必须有大学学历。

Xiǎo Lǐ shuō tā zhǎo nǚ péngyou yǒu jǐ ge bìxū de tiáojiàn: qíyī shì bìxū piàoliang; qí'èr shì bìxū wēnróu; qísān shì bìxū yǒu dàxué xuélì.

Xiao Li says that his girlfriend must meet several conditions, one of which is she must be beautiful. The other is she must be gentle. The third is she must be a university graduate.

2. 在我们家吃饭有几个规矩：规矩之一是吃饭的时候不准交谈；规矩之二是筷子和碗不能发出碰撞的声音；规矩之三是喝汤时不能发出声响；规矩之四是米饭不能掉在桌子上或者地上。

Zài wǒmen jiā chī fàn yǒu jǐ ge guīju: guīju zhīyī shì chī fàn de shíhou bù zhǔn jiāotán; guīju zhī'èr shì kuàizi hé wǎn bù néng fāchū pèngzhuàng de shēngyīn; guīju zhīsān shì hē tāng shí bù néng fāchū shēngxiǎng; guīju zhīsì shì mǐfàn bù néng diào zài zhuōzi shang huòzhě dì shang.

There are several rules for eating at our home, one of which is no talking during meal time. The other is no sound of collision between chopsticks and bowls. The third is no sound when having soup. The fourth is rice must not fall on the table or floor.

3. 跟美国人比，中国人教育孩子的观念有许多不同：首先，中国人重视孩子的教育，并且为孩子指定学习内容和安排学习计划；其次，中国人喜欢给孩子很多零花钱；第三，中国人喜欢对孩子有很多的限制，"听话"往往是对孩子的表扬。

Gēn Měiguórén bǐ, Zhōngguórén jiàoyù háizi de guānniàn yǒu xǔduō bù tóng: shǒuxiān, Zhōngguórén zhòngshì háizi de jiàoyù, bìngqiě wèi háizi zhǐdìng xuéxí nèiróng hé ānpái xuéxí jìhuà; qícì,

Zhōngguórén xǐhuan gěi háizi hěn duō línghuāqián; dì sān, Zhōngguórén xǐhuan duì háizi yǒu hěn duō de xiànzhì, "tīng huà" wǎngwǎng shì duì háizi de biǎoyáng.

Compared with Americans, Chinese people are a lot different in terms of the concepts of children's education. First of all, they attach importance to children's education. And they assign what their children study and make study plans for them. Second, they like to give their children a lot of pocket money. Third, they like to have many restrictions on children. "Obedience" is always commendation for children.

4. 杰克兴趣广泛,他的兴趣之一是钓鱼;兴趣之二是游泳;兴趣之三是泡酒吧。

Jiékè xìngqu guǎngfàn, tā de xìngqu zhīyī shì diào yú; xìngqu zhī'èr shì yóu yǒng; xìngqu zhīsān shì pào jiǔbā.

Jack has many hobbies, one of which is fishing. The other is swimming. The third is going to the bars.

连贯关系 Successive relation

试一试

曲线减肥公司正在物色一个广告模特儿。小刘身材很好,于是,她被选中做了曲线减肥公司的模特儿。

Qūxiàn Jiǎnféi Gōngsī zhèngzài wùsè yí ge guǎnggào mótèr. Xiǎo Liú shēncái hěn hǎo, yúshì, tā bèi xuǎnzhòng zuòle Qūxiàn Jiǎnféi Gōngsī de mótèr.

Graceful Curve Weight-losing Company is looking for a model for advertisement. Xiao Liu has a very nice figure. So she is chosen as the company model.

Reference answers 练习参考答案

练 习

一、1. 先……随后……；首先……然后……
2. 了……了……了……
3. 了……才……
4. 了……又……；了……就……
5. 了……再……；了……就……
6. 于是……

二、1. 小周的英文非常好，他的托福考试竟然达到了600多分，于是公司决定调他到销售部工作。
Xiǎo Zhōu de Yīngwén fēicháng hǎo, tā de Tuōfú kǎoshì jìngrán dádàole liù bǎi duō fēn, yúshì gōngsī juédìng diào tā dào xiāoshòubù gōngzuò.
Xiao Zhou speaks very good English. He even got over 600 marks for TOFEL test. So the company decided to transfer him to sales department.

2. 吉姆晚上感到有点儿不舒服，晚饭只吃了两口，就去睡觉了。
Jímǔ wǎnshang gǎndào yǒudiǎnr bù shūfu, wǎnfàn zhǐ chīle liǎng kǒu, jiù qù shuì jiào le.
Jim didn't feel well in the evening. He only ate a little for dinner and went to bed.

3. 董事会一行先在上海参观了几家工厂，随后就去了欧洲。他们这次主要的任务在欧洲。
Dǒngshìhuì yìxíng xiān zài Shànghǎi cānguānle jǐ jiā gōngchǎng, suíhòu jiù qùle Ōuzhōu. Tāmen zhè cì zhǔyào de rènwu zài Ōuzhōu.
Board of directors and its entourage visit a few factories in Shanghai first and go to Europe soon after. Their main task is in Europe this time.

4. 老张工作非常负责，他每天下班后要写备忘录和第二天的工作要点，写完了备忘录和工作要点后才回家。
Lǎo Zhāng gōngzuò fēicháng fùzé, tā měi tiān xià bān hòu yào xiě bèiwànglù hé dì èr tiān de gōngzuò yàodiǎn, xiěwánle bèiwànglù

hé gōngzuò yàodiǎn hòu cái huí jiā.

Lao Zhang is very conscientious in his work. He writes memo and work outline for the next day after work everyday. He won't go home until he finishes the memo and outline.

5. 我父母曾在中国工作，我也随父母在中国住过几年，学会了汉语，并且我对中国文化自小就有浓厚的兴趣。于是，我当了外交官后，就被派到中国工作，而且在中国工作了8年。

Wǒ fùmǔ céng zài Zhōngguó gōngzuò, wǒ yě suí fùmǔ zài Zhōngguó zhùguo jǐ nián, xuéhuìle Hànyǔ, bìngqiě wǒ duì Zhōngguó wénhuà zìxiǎo jiù yǒu nónghòu de xìngqu. Yúshì, wǒ dāngle wàijiāoguān hòu, jiù bèi pàidào Zhōngguó gōngzuò, érqiě zài Zhōngguó gōngzuòle bā nián.

My parents used to work in China. Having also lived in China for a few years with my parents, I learned to speak Chinese. Moreover, I have begun to take a deep interest in Chinese culture since childhood. Therefore after I became a diplomat I was sent to work in China and lived in China for eight years.

假设关系　Suppositional relation

政策需要人去执行。有了好的政策，也有了好的执行者，事情就会办好；有了好的政策，没有好的执行者的话，事情也办不好。

Zhèngcè xūyào rén qù zhíxíng. Yǒule hǎo de zhèngcè, yě yǒule hǎo de zhíxíngzhě, shìqing jiù huì bànhǎo; yǒule hǎo de zhèngcè, méiyǒu hǎo de zhíxíngzhě dehuà, shìqing yě bàn bu hǎo.

Policies need to be implemented. With good policies combined with good implementers, things will be easier. Otherwise, even if there are good policies, things won't be properly handled without good implementers.

练习

一、1. 要不然……；要不……
2. 如果……就……；若……便……；要是……就……
3. 假使……那……；若（如果）……那（那么）……
4. 要是……就……；如果……就……
5. ……的话
6. ……的话
7. 再不……就……
8. 即使……也……

二、1. 老师应该有全面而深厚的知识，而且还要有很好的人品。如果老师缺少某一种条件，那就很危险。因为，只有好人品而没有必要的知识的老师会误人子弟；而只有知识而人品不好的老师会害人子弟。

Lǎoshī yīnggāi yǒu quánmiàn ér shēnhòu de zhīshi, érqiě hái yào yǒu hěn hǎo de rénpǐn. Rúguǒ lǎoshī quēshǎo mǒu yì zhǒng tiáojiàn, nà jiù hěn wēixiǎn. Yīnwèi, zhǐ yǒu hǎo rénpǐn ér méiyǒu bìyào de zhīshi de lǎoshī huì wù rén zǐdì; ér zhǐ yǒu zhīshi ér rénpǐn bù hǎo de lǎoshī huì hài rén zǐdì.

A teacher should have comprehensive and profound knowledge and a good character as well. It would be very dangerous if a teacher lacks a certain condition. Because a teacher with a good character but without necessary knowledge will mislead young people. And a teacher with knowledge but without a good character will cause great harm to young people.

2. 经常换一换工作或者环境对一个人或者单位都有好处。要是在同一个地方工作时间长了，就会产生惰性，缺少新鲜感和热情，相反，要是换了一个工作，会给人以挑战性，使人工作更投入。

Jīngcháng huàn yi huàn gōngzuò huòzhě huánjìng duì yí ge rén huòzhě dānwèi dōu yǒu hǎochu. Yàoshi zài tóng yí ge dìfang gōngzuò shíjiān cháng le, jiù huì chǎnshēng duòxìng, quēshǎo xīnxiāngǎn hé rèqíng, xiāngfǎn, yàoshi huànle yí ge gōngzuò, huì gěi rén yǐ tiǎozhànxìng, shǐ rén gōngzuò gèng tóurù.

It will be beneficial both to a person and his work place to constantly change job or environment. Working in the same place for too long will result in passivity and the lack of novelty and enthusiasm. Otherwise, change of job will be challenging and will make people more devoted in work.

3. 一般来说，年龄越大，经验越丰富，但是，年龄和经验不能画等号。可以设想，假使一个公司全部雇佣老年人，那工作肯定也不能搞好。

Yìbān láishuō, niánlíng yuè dà, jīngyàn yuè fēngfù, dànshì, niánlíng hé jīngyàn bù néng huà děnghào. Kěyǐ shèxiǎng, jiǎshǐ yí ge gōngsī quánbù gùyōng lǎoniánrén, nà gōngzuò kěndìng yě bù néng gǎohǎo.

Normally, the elder the more experienced. But age and experience must not be mentioned in the same breath. We can imagine, if a company hires old people only, then its work surely can't be done well.

4. 王先生是公司里资格最老的工程师，他喜欢摆老资格，工作常常讲条件。老板不喜欢王先生的表现，他要是再不改的话，老板就要炒他的鱿鱼。

Wáng xiānsheng shì gōngsī li zīgé zuì lǎo de gōngchéngshī, tā xǐhuan bǎi lǎo zīgé, gōngzuò chángcháng jiǎng tiáojiàn. Lǎobǎn bù xǐhuan Wáng xiānsheng de biǎoxiàn, tā yàoshi zài bù gǎi dehuà, lǎobǎn jiù yào chǎo tā de yóuyú.

Mr. Wang is the most senior engineer in the company. He likes to strike the pose of an elder and often negotiate the terms in his work. Boss doesn't like Mr. Wang's performance. If he still doesn't mend his ways, boss will fire him.

5. 李玲在办公室里是个和事老，她最会调和各种矛盾。大家都说，办公室有李玲这样一个人，真是幸运的事情。要不然，还真不知道办公室会是个什么样子。

Lǐ Líng zài bàngōngshì li shì ge héshìlǎo, tā zuì huì tiáohé gè zhǒng máodùn. Dàjiā dōu shuō, bàngōngshì yǒu Lǐ Líng zhèyàng yí ge rén, zhēn shì xìngyùn de shìqing. Yàoburán, hái zhēn bù zhīdào bàngōngshì huì shì ge shénme yàngzi.

Li Ling is a peacemaker in the office. She is most capable to mediate contradictions. Everybody says that it's good luck to have somebody like Li Ling in the office. Otherwise, it's hard to imagine what will become of the office.

因果关系　Relation of cause and effect

试一试

谈判已经三年了，可是还没有明显的进展，刘董事长对这种马拉松式的谈判已经非常厌倦了，因此，他认为到了下决心放弃该项目的时候了。既然对方缺少诚意，那又何必浪费时间？

Tánpàn yǐjing sān nián le, kěshì hái méiyǒu míngxiǎn de jìnzhǎn, Liú Dǒngshìchǎng duì zhè zhǒng Mǎlāsōng shì de tánpàn yǐjing fēicháng yànjuàn le, yīncǐ, tā rènwéi dàole xià juéxīn fàngqì gāi xiàngmù de shíhou le. Jìrán duìfāng quēshǎo chéngyì, nà yòu hébì làngfèi shíjiān?

The talks have been going on for three years without remarkable progress. chairman Liu is already fed up with the marathon talks. So he believes it's time to make the decision to give up the project. Since the other side lacks good faith, why waste the time?

练习

一、1. 因为……所以……
　　2. ……因此……；……因而……

3. 由于……就……
4. ……因而……；……因此……
5. 既（然）……就……
6. 既然……那（么）……

二、1. 这本关于科学史的书写得太难。既是写给水平不高的普通人看的，就应该用通俗的语言来写。

Zhè běn guānyú kēxuéshǐ de shū xiě de tài nán. Jì shì xiěgěi shuǐpíng bù gāo de pǔtōngrén kàn de, jiù yīnggāi yòng tōngsú de yǔyán lái xiě.

The book about science history is too difficult. Since it's for ordinary people at average level, it should be written in simple language.

2. 由于刘先生和刘太太经常为一些小事吵架，他们结婚才三年就离婚了。

Yóuyú Liú xiānsheng hé Liú tàitai jīngcháng wèi yìxiē xiǎo shì chǎo jià, tāmen jié hūn cái sān nián jiù lí hūn le.

As Mr. and Mrs. Liu often quarrel over trivia, they are divorced after a marriage of only three years.

3. 在张家，贝贝是唯一的男孩子，贝贝的爸爸也是独子，因而，全家非常宠爱贝贝，什么事都让着他。

Zài Zhāng jiā, Bèibei shì wéiyī de nán háizi, Bèibei de bàba yě shì dúzǐ, yīn'ér, quán jiā fēicháng chǒng'ài Bèibei, shénme shì dōu ràngzhe tā.

Beibei is the only boy in Zhang's family. Beibei's father is also the only son. Therefore, the whole family pamper him a lot and give in with him all the time.

4. 夫妻之间需要互相理解。既然选择了和一个人一起生活，那么就应该对对方有宽容的态度。

Fūqī zhījiān xūyào hùxiāng lǐjiě. Jìrán xuǎnzéle hé yí ge rén yìqǐ shēnghuó, nàme jiù yīnggāi duì duìfāng yǒu kuānróng de tàidu.

Husband and wife need to understand each other. Since they have chosen to live together, they should tolerate each other.

5. 小华有先天的缺陷，他的嗓子有点儿毛病，说话不太清楚，别的孩子常常笑话他。因此，小华不喜欢说话，性格越来越孤僻。

Xiǎohuá yǒu xiāntiān de quēxiàn, tā de sǎngzi yǒudiǎnr máobìng, shuō huà bú tài qīngchu, biéde háizi chángcháng xiàohua tā. Yīncǐ, Xiǎohuá bù xǐhuan shuō huà, xìnggé yuèláiyuè gūpì.

Xiao Hua is congenitally deficient. He has a throat problem and doesn't speak very clearly. Other children often laugh at him. As a result, Xiao Hua doesn't like to talk and is getting more and more lonely.

6. 王先生对婚姻的看法非常简单，既然合不来，那就分手算了。

Wáng xiānsheng duì hūnyīn de kànfǎ fēicháng jiǎndān, jìrán hébulái, nà jiù fēn shǒu suàn le.

Mr. Wang's opinion about marriage is very simple. Since the two people can't get along, they might as well break up.

7. 按照纽约总部原来的意见，他要在中国工作三年。现在他已经适应了这里的工作，一家人包括孩子都开始喜欢上了中国，因此，他申请延长在中国的工作时间。

Ànzhào Niǔyuē zǒngbù yuánlái de yìjiàn, tā yào zài Zhōngguó gōngzuò sān nián. Xiànzài tā yǐjing shìyìngle zhèli de gōngzuò, yì jiā rén bāokuò háizi dōu kāishǐ xǐhuan shang le Zhōngguó, yīncǐ, tā shēnqǐng yáncháng zài Zhōngguó de gōngzuò shíjiān.

According to the original decision of the New York Headquarters, he has to work in China for three years. Now he has already adapted to the work here, and his family and children included have also begun to like China. Therefore, he is applying to extend his term in China.

8. 王先生夫妇认为环境对孩子的教育很重要。因为原来住的地方非常乱，对孩子成长不利，所以他们已经搬了三次家了。

Wáng xiānsheng fūfù rènwéi huánjìng duì háizi de jiàoyù hěn zhòngyào. Yīnwèi yuánlái zhù de dìfang fēicháng luàn, duì háizi chéngzhǎng búlì, suǒyǐ tāmen yǐjing bānle sān cì jiā le.

Mr. and Mrs. Wang believe that environment is very important to children's education. The place they used to live was very messy and was not good for children to grow up, so they have already moved three times.

选择关系　Alternative relation

试一试

我宁愿花更多的钱买一件真正的艺术品，也不愿意花很少的钱买一件仿制的艺术品。仿制的艺术品虽然花钱少，但是没有收藏价值。

Wǒ nìngyuàn huā gèng duō de qián mǎi yí jiàn zhēnzhèng de yìshùpǐn, yě bú yuànyì huā hěn shǎo de qián mǎi yí jiàn fǎngzhì de yìshùpǐn. Fǎngzhì de yìshùpǐn suīrán huā qián shǎo, dànshì méiyǒu shōucáng jiàzhí.

I would rather spend more money on a real work of art than spend a little on a fake. Although fakes cost less, they are not worth collecting.

练习

一、1. 不是……便（就）是……
　　2. 要么……要么……
　　3. 与其……不如……
　　4. 是……还是……
　　5. 宁愿……也不……
　　6. 或者……或者……

二、1. 我宁愿待在家里看书，也不愿意去听那个歌星的个人演唱会，那个歌星的演唱风格太做作了。

Wǒ nìngyuàn dāi zài jiā li kàn shū, yě bú yuànyì qù tīng nà ge gēxīng de gèrén yǎnchànghuì. Nà ge gēxīng de yǎnchàng fēnggé tài zuòzuò le.

I would rather stay home reading than go to the singer's solo concert. His acting is overdone.

2. 与其成天看别人打球，不如自己到球场上去。在球场上可以结交新朋友，还可以锻炼身体。

Yǔqí chéngtiān kàn biérén dǎ qiú, bùrú zìjǐ dào qiúchǎng shang qu. Zài qiúchǎng shang kěyǐ jiéjiāo xīn péngyou, hái kěyǐ duànliàn shēntǐ.

Better go to the court to play ball oneself than watch others play all the time. One can make new friends on the court and do physical training as well.

3. 现在的演员有个性的很少。他们不是靠演技。靠什么？要么靠自己脸蛋儿长得漂亮，要么靠跟导演关系好。

Xiànzài de yǎnyuán yǒu gèxìng de hěn shǎo. Tāmen bú shì kào yǎnjì. Kào shénme? Yàome kào zìjǐ liǎndànr zhǎng de piàoliang, yàome kào gēn dǎoyǎn guānxi hǎo.

Nowadays few actors and actresses have personality. They don't rely on acting. What do they rely on? Either a beautiful face or close relations with directors.

4. 在政治高压的环境下，电影编剧们不敢写现实意义太强的作品。他们要么写历史题材的电影，要么写幻想题材的电影。总之，他们认为，离现实远点儿比较安全。

Zài zhèngzhì gāoyā de huánjìng xià, diànyǐng biānjùmen bù gǎn xiě xiànshí yìyì tài qiáng de zuòpǐn. Tāmen yàome xiě lìshǐ tícái de diànyǐng, yàome xiě huànxiǎng tícái de diànyǐng. Zǒngzhī, tāmen rènwéi, lí xiànshí yuǎndiǎnr bǐjiào ānquán.

Screenwriters dare not write scenarios too realistic under political pressure. They write films either about history or about fantasies. In short, they believe that it's safe to stay away from reality.

5. 电视上好节目不多，不是广告，就是没有内容的晚会。

Diànshì shang hǎo jiémù bù duō, bú shì guǎnggào, jiù shì méiyǒu nèiróng de wǎnhuì.

There aren't many good performances on TV. There are either commercials or parties with no substance.

6. 吉姆要回国了，我要送个礼物给他。你说我是买个有艺术品位的东西呢，还是买个有实用价值的东西？

Jímǔ yào huí guó le, wǒ yào sòng ge lǐwù gěi tā. Nǐ shuō wǒ shì mǎi ge yǒu yìshù pǐnwèi de dōngxi ne, háishì mǎi ge yǒu shíyòng jiàzhí de dōngxi?

Jim is going back home. I will give him a present. Shall I buy something of artistic quality or something practical? What would you say?

条件关系 Conditional relation

试一试

这本词典太老了。用过这本词典的人，不论谁都说里面的许多词语过时了，有些应该有的新词却没有收进去。

Zhè běn cídiǎn tài lǎo le. Yòngguo zhè běn cídiǎn de rén, búlùn shuí dōu shuō lǐmian de xǔduō cíyǔ guò shí le, yǒuxiē yīnggāi yǒu de xīn cí què méi yǒu shōu jìnqù.

The dictionary is too old. Whoever has used the dictionary says that many of the expressions are out of date and that it doesn't include some new words that should have been included.

练习

一、1. 只有……才……

2. ……否则……
3. 不管（论）……都……；不管（论）……也……；无论……都……；无论……也……
4. 只要……就（便）……；只要……都……
5. 只要……就（便）……；只要……都……
6. 不管（论）……都……；不管（论）……也……；无论……都……；无论……也……；任凭……都……；任凭……也……
7. 除非……否则……
8. 不管（论）……都……；无论……都……
9. 不管（论）……都……；不管（论）……也……；无论……都……；无论……也……
10. 不管……都……；不论……都……；无论……都……

二、1. 生病以后，父亲的脾气变得非常暴躁，只要是一点儿小的事情让他不高兴了，他就会大发脾气。

Shēng bìng yǐhòu, fùqin de píqi biàn de fēicháng bàozào, zhǐyào shì yìdiǎnr xiǎo de shìqing ràng tā bù gāoxìng le, tā jiù huì dà fā píqi.

Father became very hot-tempered after he got sick. He would lose his temper so long as trivia made him unhappy.

2. 这种新产品质量很好，非常受欢迎，只要用过它的人，都说它非常好。

Zhè zhǒng xīn chǎnpǐn zhìliàng hěn hǎo, fēicháng shòu huānyíng, zhǐyào yòngguo tā de rén, dōu shuō tā fēicháng hǎo.

This new product is very popular because of its good quality. Whoever tried it all says it's very good.

3. 跟人讲做人的道理用处不大。只有自己亲身经历了，才会明白做人的道理。

Gēn rén jiǎng zuò rén de dàoli yòngchu bú dà. Zhǐyǒu zìjǐ qīnshēn jīnglì le, cái huì míngbai zuò rén de dàoli.

It's of little use to tell others how to conduct oneself in society. People will know how to conduct themselves in society only after they have experienced in person.

4. 走向成功没有什么捷径，除非你勤奋、努力地工作，否则不可能成功。

   Zǒuxiàng chénggōng méiyǒu shénme jiéjìng, chúfēi nǐ qínfèn、nǔlì de gōngzuò, fǒuzé bù kěnéng chénggōng.

   There are no shortcuts to success. You won't possibly succeed unless you work hard.

5. 李记者走南闯北，认识很多的人。不论（不管/无论）是什么行业，都有他认识的人。

   Lǐ jìzhě zǒu nán chuǎng běi, rènshi hěn duō de rén. Búlùn (bùguǎn/wúlùn) shì shénme hángyè, dōu yǒu tā rènshi de rén.

   Reporter Mr. Li has traveled widely and known many people. He knows people of whatever fields.

6. 参加拍卖会之前，领导给我们布置了任务，无论（不论/不管）花什么价钱，也（都）要买到那幅画。

   Cānjiā pāimàihuì zhīqián, lǐngdǎo gěi wǒme bùzhìle rènwu, wúlùn (búlùn / bùguǎn) huā shénme jiàqian, yě (dōu) yào mǎidào nà fú huà.

   Leader briefed us on the assignment before the auction. Whatever the price, we must get that painting.

7. 老张20多年来一直做清洁工的工作，任凭别人怎么瞧不起，他都认为自己的工作很重要。

   Lǐao Zhāng èrshí duō nián lái yìzhí zuò qīngjiégōng de gōngzuò, rènpíng biérén zěnme qiáobuqǐ, tā dōu rènwéi zìjǐ de gōngzuò hěn zhòngyào.

   Lao Zhang has been doing a cleaner's job for over 20 years. He still thinks that his job is very important however badly others look down upon him.

转折关系 Adversative relation

试一试

在外企做会计工作需要外语很好。尽管王小姐学习非常努力，但是学习外语不是短时间就能见到效果的，因此，她的工作没有什么改进。

Zài wàiqǐ zuò kuàijì gōngzuò xūyào wàiyǔ hěn hǎo. Jǐnguǎn Wáng xiǎojie xuéxí fēicháng nǔlì, dànshì xuéxí wàiyǔ bú shì duǎn shíjiān jiù néng jiàndào xiàoguǒ de, yīncǐ, tā de gōngzuò méiyǒu shénme gǎijìn.

Accounting job in foreign enterprises requires very fluent foreign language. Although Miss Wang studies foreign language very hard, the learning process can't produce the desired quick result in a short term. So Miss Wang's work has not improved greatly.

练 习

一、1. 不然（的话）……

2. 虽然……但（是）……；尽管……但（是）……

3. 但（是）……；可（是）……；而……；然而……

4. 固然……但（是）……

5. 而……又……

6. 倒……；却……

7. 然而……；但（是）……；可是……；而……

8. 却……；但（是）……；可是……

二、1. 买汽车的人越来越多。没有汽车的人做梦都想有一辆自己的汽车，而买了汽车的人又抱怨花钱太多，还抱怨路上堵车问题严重。

Mǎi qìchē de rén yuèláiyuè duō. Méiyǒu qìchē de rén zuò mèng dōu xiǎng yǒu yí liàng zìjǐ de qìchē, ér mǎile qìchē de rén yòu bàoyuàn huā qián tài duō, hái bàoyuàn lù shang dǔ chē wèntí yánzhòng.

More and more people are buying cars. Those without a car dream of having their own cars. But those with a car complain of spending too much money and too much traffic on the road.

2. 没有出国的人希望马上出国过上"幸福"的生活，然而出了国的人发现现实和理想有很大的差距。

Méiyǒu chū guó de rén xīwàng mǎshàng chū guó guò shang "xìngfú" de shēnghuó, rán'ér chūle guó de rén fāxiàn xiànshí hé lǐxiǎng yǒu hěn dà de chājù.

Those who haven't gone abroad hope to go abroad immediately for a "happy" life. But those who have gone abroad find out that there is a big gap between reality and ideal.

3. 吴太太说她不敢在郊区开车。她说，在郊区很多人开车不遵守交通规则，因此，开车需要非常谨慎，不然的话，很容易出事。

Wú tàitai shuō tā bù gǎn zài jiāoqū kāi chē. Tā shuō, zài jiāoqū hěn duō rén kāi chē bù zūnshǒu jiāotōng guīzé, yīncǐ, kāi chē xūyào fēicháng jǐnshèn, bùrán dehuà, hěn róngyì chū shì.

Mrs. Wu says she doesn't have the nerve to drive in suburbs. She says many drivers don't follow traffic rules. So driving in suburbs requires great caution. Otherwise it's very accident-prone.

4. 小刘篮球打得非常好，虽然他个子不高，但是很灵活。

Xiǎo Liú lánqiú dǎ de fēicháng hǎo. Suīrán tā gèzi bù gāo, dànshì hěn línghuó.

Xiao Liu plays basketball very well. Although he is not tall, he is very agile.

5. 这家小商店尽管开张很晚，但服务非常好，因此生意很火。

Zhè jiā xiǎo shāngdiàn jǐnguǎn kāizhāng hěn wǎn, dàn fúwù fēicháng hǎo, yīncǐ shēngyì hěn huǒ.

Though the small shop opened only a short while ago, it offers very good service. So its business is very good.

6. 我们不能片面强调学历。学历固然在一定程度上说明一个人的知识和能力，但是考察一个人更要看他实际的工作能力。

Wǒmen bù néng piànmiàn qiángdiào xuélì. Xuélì gùrán zài yídìng chéngdù shang shuōmíng yí ge rén de zhīshi hé nénglì, dànshì kǎochá yí ge rén gèng yào kàn tā shíjì de gōngzuò nénglì.

We can't place too much emphasis on academic credentials. Academic credentials show a person's knowledge and capability to some extent, but to test a person, we need to look at his real working capability.

对立关系 Relation of opposition

试一试

玛利亚的汉语说得这么好，不是因为她的老师教得好，而是她自己学习非常努力，会利用一切机会。

Mǎlìyà de Hànyǔ shuō de zhème hǎo, bú shì yīnwèi tā de lǎoshī jiāo de hǎo, érshì tā zìjǐ xuéxí fēicháng nǔlì, huì lìyòng yíqiè jīhuì.

Maria speaks very good Chinese. It's not because that she has a good teacher, but because she studies very hard and makes use of every opportunity.

练习

一、1. ……相反……
   2. 是……不是……
   3. 不是……而是……
   4. 要……不要……
   5. 反过来说……

二、1. 领导人到基层去，先要认真听取基层的介绍和意见，不要不了解情

231

况就给一大堆"指示"。

Lǐngdǎorén dào jīcéng qù, xiān yào rènzhēn tīngqǔ jīcéng de jièshào hé yìjiàn, búyào bù liǎojiě qíngkuàng jiù gěi yí dà duī "zhǐshì".

When leaders go to the grass roots, first they need to conscientiously listen to briefing and comments from the grass roots. They shouldn't give a lot of "instructions" without knowing the actual conditions.

2. 学习汉语需要学习一点儿汉语的语法知识。学习汉语语法不是浪费时间,相反,汉语语法的学习对中文句子结构的理解有帮助。

Xuéxí Hànyǔ xūyào xuéxí yìdiǎnr Hànyǔ de yǔfǎ zhīshi. Xuéxí Hànyǔ yǔfǎ bú shì làngfèi shíjiān, xiāngfǎn, Hànyǔ yǔfǎ de xuéxí duì Zhōngwén jùzi jiégòu de lǐjiě yǒu bāngzhù.

To learn Chinese, one needs to learn a little Chinese grammar. It's not a waste of time to learn grammar. On the contrary, learning grammar is helpful in understanding Chinese sentence structure.

3. 韩国人和日本人学习汉语时,对汉字比较适应,但发音和听力是难点;相对来说,美洲和欧洲的人学习汉语的发音和听力时要容易一些,但是汉字是难点。

Hánguórén hé Rìběnrén xuéxí Hànyǔ shí, duì Hànzì bǐjiào shìyìng, dàn fāyīn hé tīnglì shì nándiǎn; xiāngduì láishuō, Měizhōu hé Ōuzhōu de rén xuéxí Hànyǔ de fāyīn hé tīnglì shí yào róngyì yìxiē, dànshì Hànzì shì nándiǎn.

When Koreans and Japanese learn Chinese, they adapt well to Chinese characters. But they will find pronunciation and listening very difficult. Relatively speaking, people from America and Europe find pronunciation and listening easier but Chinese characters difficult.

4. 提意见或者建议有不同的方法。温和地提出忠告或者建议,听的人往往会虚心而愉快地接受;反过来说,如果简单地指出别人的不足或者粗暴地批评,往往会使听的人产生反感情绪。

Reference answers 练习参考答案

Tí yìjiàn huòzhě jiànyì yǒu bùtóng de fāngfǎ. Wēnhé de tíchū zhōnggào huòzhě jiànyì, tīng de rén wǎngwǎng huì xūxīn ér yúkuài de jiēshòu; fǎn guolai shuō, rúguǒ jiǎndān de zhǐchū biérén de bùzú huòzhě cūbào de pīpíng, wǎngwǎng huì shǐ tīng de rén chǎnshēng fǎngǎn qíngxù.

There are different ways to make comments and suggestions. Listeners will normally accept in an open-minded and pleasant manner the advice or suggestions given in a mild tone. On the contrary, simply pointing out others' shortcoming or criticizing harshly will normally be disliked by listeners.

递进关系 Progressive relation

试一试

很可惜，我没有把我在台湾学习汉语时用的老词典带来。老词典我不仅用了好多年，已经非常熟悉了，更重要的是，老词典有繁体字，你知道，我过去学的是繁体字。

Hěn kěxī, wǒ méiyǒu bǎ wǒ zài Táiwān xuéxí Hànyǔ shí yòng de lǎo cídiǎn dàilai. Lǎo cídiǎn wǒ bùjǐn yòngle hǎoduō nián, yǐjing fēicháng shúxī le, gèng zhòngyào de shì, lǎo cídiǎn yǒu fántǐzì, nǐ zhīdao, wǒ guòqù xué de shì fántǐzì.

It's a pity that I didn't bring the old dictionary I used when I studied Chinese in Taiwan. I have used it for years and have been very familiar with it. What's more important is that the old dictionary is in original complex form of Chinese characters. You know, I used to learn the complex form.

练习

一、1. 不但……还……；不仅……也……；不但……而且……；不仅……

更……；不仅……而且……；不光……而且……

2. 不但……还……；不仅……也……；不但……而且……；不仅……更……；不仅……而且……；不光……而且……

3. 不但……还……；不仅……也……；不但……而且……；不仅……而且……；不光……而且……

4. 不但……还……；不仅……也……；不但……而且……；不仅……而且……；不光……而且……

5. 不但……还……；不仅……也……；不但……而且……；不仅……更……；不仅……而且……；不光……而且……

6. 还是……况且……

7. 都……何况……

8. 已经……再说……

二、1. 过去我们用笔写文章，现在用电脑写。用电脑写文章不仅快，而且修改起来非常方便。

Guòqù wǒmen yòng bǐ xiě wénzhāng, xiànzài yòng diànnǎo xiě. Yòng diànnǎo xiě wénzhāng bùjǐn kuài, érqiě xiūgǎi qilai fēicháng fāngbiàn.

We used to write articles with a pen, now we use computers. It's not only fast but also convenient to make modifications using computers.

2. 我事业上的成功应该归功于我的妻子。她不仅是贤妻良母，承担了几乎所有的家务，更对我的事业提出了很多建设性的建议。

Wǒ shìyè shang de chénggōng yīnggāi guīgōng yú wǒ de qīzi. Tā bùjǐn shì xián qī liáng mǔ, chéngdānle jīhū suǒyǒu de jiāwù, gèng duì wǒ de shìyè tíchūle hěn duō jiànshèxìng de jiànyì.

I should attribute my career success to my wife. As a good wife and a loving mother, she not only undertakes almost all the housework but also gives a lot of constructive advice to my career.

3. 在京剧方面你不应该对高先生说这说那。高先生还是北京有名的京剧票友呢，况且你对京剧的理解并不比高先生多。

Zài jīngjù fāngmiàn nǐ bù yīnggāi duì Gāo xiānsheng shuō zhè shuō nà. Gāo xiānsheng háishì Běijīng yǒumíng de jīngjù piàoyǒu ne, kuàngqiě nǐ duì jīngjù de lǐjiě bìng bù bǐ gāo xiānsheng duō.

You shouldn't make irresponsible remarks about Mr. Gao in terms of Peking opera. Mr. Gao is a well-known amateur Peking opera performer in Beijing. What's more, your understanding about Peking opera isn't more than Mr. Gao.

4. 我们不要再议论这件事情了。这件事情已经过去了，再说我们还有更多的新问题需要讨论呢。

Wǒmen búyào zài yìlùn zhè jiàn shìqing le. Zhè jiàn shìqing yǐjing guòqu le, zàishuō wǒmen hái yǒu gèng duō de xīn wèntí xūyào tǎolùn ne.

We'd better not discuss the matter anymore since it has already past. Moreover, we still have more new questions to discuss.

5. 我没有把我在国内的汽车带来。你知道，办理汽车托运手续非常麻烦，何况现在在中国买汽车也非常方便。

Wǒ méiyǒu bǎ wǒ zài guónèi de qìchē dàilai. Nǐ zhīdao, bànlǐ qìchē tuōyùn shǒuxù fēicháng máfan, hékuàng xiànzài zài Zhōngguó mǎi qìchē yě fēicháng fāngbiàn.

I didn't bring along the car I used at home. You know, it's very troublesome to check a car. What's more, now it's very convenient to buy cars in China.

连锁关系　Chain relation

试一试

我们这个京剧俱乐部是完全自由的，谁想加入，谁就可以加入，什么时候想退出了，什么时候就可以退出。

Wǒmen zhè ge jīngjù jùlèbù shì wánquán zìyóu de, shuí xiǎng jiārù, shuí jiù kěyǐ jiārù, shénme shíhou xiǎng tuìchū le, shénme shíhou jiù kěyǐ tuìchū.

Our Peking opera club is completely free. Whoever wants to join can join, and whoever wants to leave can do whenever he likes.

练习

一、1. 怎么……就怎么……
   2. 越是……越是……
   3. 谁……就……；哪个……就……
   4. 越……越……
   5. 什么……就……
   6. 谁的……就……
   7. 哪里（哪儿）……就……
   8. 哪个……就……

二、1. 这种小叶子植物不怕寒冷，气候越是寒冷，它越是长得好。

   Zhè zhǒng xiǎo yèzi zhíwù bú pà hánlěng, qìhòu yuè shì hánlěng, tā yuè shì zhǎng de hǎo.

   This kind of microphyll doesn't fear coldness. The colder it is, the better it grows.

2. 李小姐是个好嫉妒的人，她走到哪里，哪里就会有她的敌人。

   Lǐ xiǎojie shì ge hào jídù de rén, tā zǒudào nǎli, nǎli jiù huì yǒu tā de dírén.

   Miss Li is a jealous person. There will be her enemy wherever she goes.

3. 中国过去的教育要求孩子们非常"乖"，老师怎么说，孩子们就得怎么做。

   Zhōngguó guòqù de jiàoyù yāoqiú háizimen fēicháng "guāi", lǎoshī zěnme shuō, háizimen jiù děi zěnme zuò.

   Children were educated to be very "well-behaved and obedient" in China in the past. They must do whatever teachers told them to do.

4. 对于别人的意见，我没有偏见，谁的意见对，我就接受谁的。

   Duìyú biérén de yìjiàn, wǒ méiyǒu piānjiàn, shuí de yìjiàn duì, wǒ jiù jiēshòu shuí de.

   I have no prejudice against others' comments. I accept whoever comments are correct.

5. 多干活儿，少说话，特别是不要随便发牢骚，牢骚越多，对自己越不利。

Duō gàn huór, shǎo shuō huà, tèbié shì búyào suíbiàn fā láosāo, láosāo yuè duō, duì zìjǐ yuè búlì.

Do more and talk less, especially don't complain casually. The more the complaints, the more harmful it is to yourself.

6. 现在我点名。我点到谁，就请谁举手。

Xiànzài wǒ diǎn míng. Wǒ diǎndào shuí, jiù qǐng shuí jǔ shǒu.

Now I'll call the roll. Whoever is mentioned please raises your hand.

7. 不要隐瞒自己的观点，有什么意见，就请提出来。

Búyào yǐnmán zìjǐ de guāndiǎn, yǒu shénme yìjiàn, jiù qǐng tí chulai.

Don't hold back your opinions. Please tell me whatever views you have.

8. 刘小姐找丈夫的条件非常简单，哪个有钱，就嫁给他。

Liú xiǎojie zhǎo zhàngfu de tiáojiàn fēicháng jiǎndān, nǎ ge yǒu qián, jiù jiàgěi tā.

Miss Liu has got very simple conditions for finding a husband. She will marry whoever is rich.